Alena Veit

Bildung in öffentlichen Schulen und kommerziellen Nachhilfeinstituten

Ist eine dauerhafte Koexistenz möglich?

Bibliografische Information der Deutschen Nationalbibliothek:

Die Deutsche Nationalbibliothek verzeichnet diese Publikation in der Deutschen Nationalbibliografie; detaillierte bibliografische Daten sind im Internet über http://dnb.d-nb.de abrufbar.

Impressum:

Copyright © Social Plus 2021

Ein Imprint der GRIN Publishing GmbH, München

Druck und Bindung: Books on Demand GmbH, Norderstedt, Germany

Covergestaltung: GRIN Publishing GmbH

Inhaltsverzeichnis

Abbildungsverzeichnis

1 Einleitung

Eltern in Deutschland geben durchschnittlich 87 Euro pro Monat für private Nachhilfe aus (Klemm & Hollenbach-Biehle, 2016). Eine verhältnismäßig hohe Geldsumme, die alternativ in attraktive Freizeitangebote investiert werden könnte, um die Interessen der Schüler*innen zu fördern. Stattdessen ist für rund 14 Prozent der deutschen Schüler*innen zwischen sechs und 16 Jahren die außerschulische Nachhilfe selbst zu einem festen Bestandteil ihrer Freizeit geworden (ebd.). Die Verbesserung der schulischen Leistung, unabhängig vom Ausgangsniveau, steht besonders bei Eltern hoch im Kurs, da sie einen direkten Einfluss auf die Berufs- und Lebenschancen von Schüler*innen hat.

Die Nachfrage nach privaten Nachhilfestunden wird durch eine Vielzahl unterschiedlicher Träger abgedeckt und gegebenenfalls auch durch diese angeregt. Kommerzielle Nachhilfeinstitute, die in dieser Arbeit im Vordergrund stehen, decken mit rund 40 Prozent einen beträchtlichen Teil des Nachhilfemarkts ab (Jäger, Jäger-Flor & Haas, 2011). Diese bewegen sich mit der öffentlichen Schule in einem gemeinsamen Feld der Bildung, mit dem Unterschied, dass sie keine staatlich kontrollierten Einrichtungen des Bildungssystems sind.

Es wird der Frage nachgegangen, inwieweit sich Bezüge zwischen kommerziellen Nachhilfeinstituten und öffentlichen Schulen im Spannungsfeld von Institution und Organisation beschreiben lassen. Konkret soll erarbeitet werden, ob kommerzielle Nachhilfeinstitute und die öffentliche Schule bedenkenlos koexistieren können und inwieweit sie sich ergänzen oder gar behindern.

Nach einer Einführung in die Begriffe der Institution und Organisation, die für das grundsätzliche Verständnis der Rahmenbedingungen und Anforderungen im Schulwesen relevant sind, befasst sich die Arbeit im ersten Teil mit den organisationalen Aspekten der öffentlichen Schule sowie ihren gesellschaftlichen Funktionen. Die Analyse der Funktionen zeigt das komplexe Beziehungsgeflecht der Schule auf sowie die vielseitigen gesellschaftlichen Aufgaben, die sie neben ihrer pädagogischen Aufgabe zu erfüllen hat.

Der zweite Teil befasst sich mit kommerziellen Nachhilfeinstituten, den allgemeinen Motiven für Nachhilfe und wie sich diese im Laufe der Zeit verändert haben. Unter anderem der Einfluss durch kommerzielle Nachhilfeinstitute selbst wird beleuchtet sowie weitere Strukturen und Seiten, die für die objektive Beurteilung der Qualität und des Nutzens von kommerzieller Nachhilfe nötig sind. In diesem Teil werden diverse Parallelen und Unterschiede zur öffentlichen Schule erarbeitet. Es wird insbesondere die kommerzielle Seite der Nachhilfeinstitute erläutert und dessen Konflikt mit dem ursprünglichen Zweck von Nachhilfe und der öffentlichen Schule diskutiert.

Der letzte Teil bezieht sich auf die wichtigsten Bezüge, die sich aus der Koexistenz der beiden Einrichtungen ergeben und im Verlauf der Arbeit herausgearbeitet werden konnten. Die Perspektiven zielen darauf, in welchem Rahmen und in welcher Form Nachhilfe ein gerechtfertigtes Phänomen bleiben kann.

2 Institutionen und Organisationen im Bildungsbereich

Sowohl die Schule als fester Bestandteil des Bildungssystems, als auch das kommerzielle Nachhilfeinstitut als ein Bestandteil des Wirtschaftssystems bewegen sich in einem gemeinsamen Feld der Bildung (Bidlo, 2020). Um die Unterschiede und Bezüge dieser sozialen Einrichtungen zu erarbeiten, werden die beiden Begriffe "Institution" und "Organisation" im Einzelnen in ihren Ursprüngen und Merkmalen genauer untersucht.

Gukenbiehl (2016) verweist darauf, dass die Formulierung und Verwendung der Begriffe in den Sozialwissenschaften uneinheitlich erfolgen. Beide Begriffe dienen der Bezeichnung ähnlicher sozialer Phänomene, denen ein gemeinsamer Kern zugrunde liegt. Dieser bezieht sich auf die „geregelte Kooperation von Menschen, ein Zusammenwirken und Miteinanderumgehen, das weder zufällig noch beliebig so geschieht" (ebd., S. 174).

Auch im Alltag erfolgt die Verwendung von "Institution" und "Organisation" einem uneinheitlichen Muster: Der Institutionsbegriff kommt zur Anwendung, wenn es um die Bezeichnung öffentlicher Einrichtungen wie Schulen, Krankhäuser oder Behörden geht. Der Organisationsbegriff hingegen wird zur Bezeichnung von Produktions- und Dienstleistungsbetrieben verwendet (ebd.). Im Folgenden sollen die beiden Begriffe "Institution" und "Organisation" in ihren Ursprüngen und Merkmalen genauer untersucht und voneinander abgegrenzt werden.

2.1 Institution

Eine erste Begriffsannäherung beschreibt eine Institution als „eine Sinneinheit von habitualisierten Formen des Handelns und der sozialen Interaktion, deren Sinn und Rechtfertigung der jeweiligen Kultur entstammen und deren dauerhafte Beachtung die umgebende Gesellschaft sichert" (Gukenbiehl, 2016, S. 174). Menschen neigen zur Ausbildung von Routinen und Gewohnheitsmustern. Der wiederholte „Umgang mit Personen, Dingen oder Situationen" (ebd., S. 180) erfolgt nach habitualisierten Handlungsmustern, wodurch Menschen sowohl Zeit als auch Energie einsparen (ebd.). Institutionen geben „vor, was, wann, mit wem und wie zu tun ist" (ebd., S. 182). Sie wirken verhaltensregulierend und stabilisierend. Sie sind allgegenwärtig das heißt Menschen schaffen sie „zu allen Zeiten und in allen Völkern und Kulturen" (ebd. S. 175).

Gukenbiehl (2016, S. 175) verweist auf eine Vielzahl an Institutionsbeispielen, die in verschiedenen Kontexten für Menschen den Stellenwert des Selbstverständlichen annehmen (ebd.): Kommunikation – z.B. Begrüßung, Diskussion, Unterricht; Pflege und Erziehung – z.B. Altenheim, Kindergarten, Schule.

In der biologischen Anthropologie findet sich ein Erklärungsansatz, weshalb Menschen einen solchen stabilen institutionellen Ordnungsrahmen mit praktischen Gewohnheitsverhalten schaffen (ebd.). Institutionen werden aufgrund der eher rudimentären Instinktausstattung der Menschen benötigt. Gukenbiehl (2016) verweist auf Herder (1744-1803), der den Menschen als „Mängelwesen" bezeichnet. Im Vergleich zu Tieren besitzen sie kaum „zweckmäßige Verhaltens- und Kooperationsformen" (ebd., S. 182).

Im Folgenden soll nun vielmehr der Frage nachgegangen werden, welchen wichtigen Leistungsbeitrag Institutionen für die Gesellschaft und das Individuum erbringen. Gemäß dem strukturfunktionalistischen Ansatz zielen Institutionen „auf die dauerhafte Bewältigung von Kernaufgaben in der Gesellschaft" (Fend, 2008a, S. 28) ab. In diesem Zusammenhang verweist Fend (2008a, S.28) auf vier essentielle Institutionselemente, die einerseits der Bewältigung zugewiesener Aufgaben dienen, und anderseits die Stabilität und Dauerhaftigkeit einer Institution sicherstellen.

Technologie

Institutionen benötigen entwickelte instrumentelle Techniken, die ihre Aufgabenerfüllung ermöglichen und zur Lösung von gesellschaftlichen Kernaufgaben beitragen (ebd.).

Selbsterhaltung

Institutionen sind auf Verfahren und Ressourcen angewiesen, welche die eigenen Strukturen absichern, wie zum Beispiel administrative Vorgänge und Personalrekrutierungsverfahren. (ebd.)

Integration

Institutionen benötigen eine Binnenkohäsion. Gemeinsame Werte und Deutungsmuster tragen zu dessen Aufbau bei. (ebd.)

Adaption

Institutionen sind auf den Aufbau von Strategien angewiesen, die Beziehungen zu Außeninstanzen fördern (ebd.).

Aus gesellschaftlicher Perspektive verknüpft die Institution „Personen, Gegenstände und Handlungen, dass durch das gemeinsame Handeln Aufgaben oder Probleme, die immer wieder vorkommen …, in gleichartiger und damit in vorhersehbarer Weise angegangen werden können (Gukenbiehl, 2016, S. 178). Allen Institutionen ist die „hochgradige Vernetzung von vielen Einzelaktivitäten zu einem sinnvollen Ganzen mit benennbaren Zielen" (Fend, 2008a, S. 29) gemeinsam.

2.1.1 Schule als Bildungsinstitution

Die Antwort auf die Frage, welche handlungsleitende Technologie Bildungsinstitutionen zugrunde liegt, lautet nach Fend (2008b, S. 30): „pädagogisches Know-how". Aufgrund der besonderen Aufgaben, die eine Bildungsinstitution realisiert, wie Kulturübertragung sowie Weitergabe von Wissen und Fertigkeiten, bezeichnet er deren instrumentelle Technik zur Aufgabenerfüllung als „weiche Technologie" (ebd.). Bildungsinstitutionen „arbeiten an der „Seele von Heranwachsenden, an ihren mentalen Strukturen und an ihrem Wertesystem" (ebd., S. 29-30). Neben dem gesellschaftlichen Nutzen eröffnen Bildungsinstitutionen Möglichkeiten für den Einzelnen, in dem sie dessen individuelle Handlungsmöglichkeiten aufzeigen und verstärken (ebd.). Im weiteren Verlauf der Arbeit werden die gesellschaftlichen Funktionen von Bildungsinstitutionen und deren Möglichkeiten für das Individuum genauer erläutert. Die Vernetztheit und Komplexität der Bildungsinstitution Schule soll damit verdeutlicht werden.

2.2 Organisation

In offiziellen Quellen wird die Schule oft als Bildungsinstitution bezeichnet, ungeachtet welche Aspekte im Fokus stehen. Neben dem bereits beschriebenen institutionellen Hintergrund der Schule, gibt es eine weitere Perspektive, die den Fokus auf organisationale Merkmale legt und die Schule als Organisation betrachtet. Ehe die Besonderheiten des organisatorischen Hintergrunds von Schule erläutert werden, sollen allgemeine Organisationsmerkmale und -strukturen in Anlehnung an Gukenbiehl (2016) und Kühl (2011) aufgezeigt werden.

„Organisationen sind … Instrumente zur Erreichung spezifischer Ziele oder Zwecke, d.h. von bestimmten Zuständen oder Ergebnissen, die durch das bewusst geregelte Zusammenwirken von Menschen und die Nutzung von Mitteln erreicht werden sollen" (Gukenbiehl, 2016, S. 185-186). Dieses Organisationsverständnis entwickelte sich in den letzten Jahrhunderten mit Etablierung der Organisationssoziologie (Kühl, 2011). Mithilfe Kühls (2011) Verständnis, der die Organisation als

„eine besondere Form von sozialem Gebilde" (Kühl, 2011, S. 13) versteht, können die Instrumente der Zweck-, bzw. Zielerreichung nochmals eingegrenzt werden. Eine „besondere Form von sozialem Gebilde" (ebd.), weil sie Merkmale erfüllt, die sie von anderen sozialen Gebilden wie zum Beispiel der Familie abgrenzt (ebd.). Mithilfe der drei grundlegenden Organisationsmerkmale Mitgliedschaft, Zwecke und Hierarchien, kann eine Organisation näher erläutert werden (ebd.).

Mitgliedschaft

Die Organisation entscheidet über den Ein- und Austritt ihrer Mitglieder (Kühl, 2011). Ein definiertes Regelwerk legt die Grenzen des Organisationrahmens fest (ebd.). Die Organisationsmitglieder bewegen sich innerhalb dieses Rahmens und unterwerfen sich dem organisatorischen Regelwerk. Im Falle eines stark abweichenden Verhaltens besteht für Organisationsmitglieder die Gefahr eines Organisationsausschlusses (ebd.).

Zwecke

In einer Organisation gibt es einen „Urzweck" (ebd., S. 23), der die organisationale Gesamtaufgabe umfasst. Aus Effizienzgründen erfolgt die Erfüllung der organisationalen Gesamtausgabe meist arbeitsteilig (ebd.). Es entstehen Teilaufgaben, sogenannte „Ururzwecke" (ebd.), welche von rekrutierten Organisationsmitgliedern mit passendem Qualifikationsprofil erfüllt werden. Zwecke sind für eine Organisationsstruktur bedeutsam und fungieren als allgegenwärtige Leitlinien für organisatorisches Handeln (ebd.). Die Organisation ist ein „„Organ', mit dem 'Inputs' in der Form von Rohstoffen, Maschinen oder Arbeitskraft in einen angestrebten 'Output' in Form von Produkten, Dienstleistungen oder geheilten, geschulten oder sicher verwahrten Klienten transformiert werden können" (ebd., S. 25). Die Erfüllung des Urzweckes entscheidet über die Existenz einer Organisation. Damit verbunden ist das mehr oder wenige Erzielen von Profit sowie die Befriedigung gesellschaftlicher Bedürfnisse (ebd.).

Hierarchien

Obgleich sich moderne Gesellschaften von hierarchischen Strukturen lösen, stellen sie ein wichtiges Merkmal erfolgreicher Organisationen dar (ebd.). Die arbeitsteilige Erfüllung der Gesamtaufgabe wirft unterschiedlich komplexe Teilaufgaben auf, weshalb Organisationsmitglieder mit unterschiedlichem Qualifikationsprofil rekrutiert werden müssen (ebd.). Das Prinzip der Verteilung unterschiedlich komplexer Aufgaben erfolgt in der Regel nach der hierarchischen Organisationsstruktur (ebd.).

Es ist festgelegt, in welchem hierarchischen Verhältnis Organisationsmitglieder, in Abhängigkeit ihrer erbrachten Leistung und zugeteilten Aufgabe, stehen (ebd.).

Darüber hinaus verfügt eine Organisation über verschiedene Strukturen, die als festes Organisationsgerippe angesehen werden können (Gukenbiehl, 2016). Gemäß Kühl (2011) bilden die formale und informale Struktur sowie die Schaustruktur die Gesamtheit der Organisationsstruktur.

Formale Struktur

Formale Strukturen sind „entschiedene Entscheidungsprämissen" (Kühl, 2011, S. 98), sogenannte Einschränkungen, die in dokumentierter Form vorliegen und unmittelbar im Bezug zu Mitgliedschaftsbedingungen stehen. Auswahlmöglichkeiten werden durch definierte Einschränkungen begrenzt, weshalb sie eine entlastende Wirkung besitzen. Organisationmitglieder erhalten einen Leitfaden, der Auskunft gibt, wie sie sich im Sinne der Organisation in bestimmten Situationen zu verhalten haben.

Informale Struktur

Informale Strukturen beziehen sich auf „nicht entschiedene Entscheidungsprämissen" (Luhmann 2000, zitiert nach, Kühl, 2011, S. 116), die nicht direkt über Mitgliedschaftsbedingungen eingefordert werden. Sie liegen in undokumentierter Form vor (Kühl, 2011). Solche Strukturen werden benötigt, wenn Lücken formaler Regeln existieren und Handlungsmuster durch individuelle Bedürfnisse, Erfahrungen und Sympathien erweitert oder sogar ersetzt werden (ebd.). Informale Strukturen bilden sich durch regelmäßiges Abweichen vom offiziellen Regelwerk aus (ebd.). Mit der organisationalen Informalität bildet sich, neben dem formalen Regelwerk, eine individuelle Organisationskultur aus, die das „Unterleben einer Organisation" (ebd., S.116) darstellt.

Schaustruktur

Der erste Eindruck einer Organisation erhält der Betrachter durch das nach außen konsistent wirkende Gesamtbild. Das äußere Erscheinungsbild ist Ausdruck davon, wie eine Organisation gesehen werden möchte (Kühl, 2011). Vorzugsweise verweist eine Organisation auf die Qualität ihrer Leistungen und die erworbenen Zertifizierungen. Die von außen wahrnehmbare Organisationsfassade muss ständig auf- und ausgebaut sowie regelmäßig gepflegt und ausgebessert werden (ebd.). Sie entscheidet über die gesellschaftliche Legitimität, deren Aufbau von der Erfüllung gesellschaftlicher Erwartungen abhängt (ebd.). Unterschiedliche Formen gesellschaftlicher Erwartungen treffen auf die Organisation ein. Oftmals decken sich diese nicht mit der tatsächlich erbrachten Leistung einer Organisation, wodurch Ansprüche an die Fassade gesteigert werden (ebd.). Organisationen wenden sich mit ihrer Schaustruktur primär an Interessengruppen, deren Bedarf an Aufmerksamkeit am höchsten ist (ebd.). Interne Organisationsabläufe bleiben für Außenstehende verborgen.

Zur metaphorischen Beschreibung der Organisationsstrukturen kann das „Eisberg-Modell" (Kühl, 2011, S.161) herangezogen werden. Genau wie sich die Vermessung eines Eisberges als schwierig erweist, da nur ein verhältnismäßig kleiner Teil über der Wasseroberfläche sichtbar ist, bleiben bei einer Organisationsanalyse viele Merkmale im Verborgenen (ebd.). Die Schaustruktur, mit ihren bunten Leitbildern und ansprechenden Werbekampagnen, ist nur die leuchtende, von der Sonne bestrahlte Spitze des Eisberges. Beim restlichen sichtbaren Teil handelt es sich um die formalen Strukturen, die durch ihre schriftliche Fixiertheit frei zugänglich sind (ebd.). Viele der Organisationsstrukturen, wie interne Handlungsabläufe, sind für Außenstehende kaum zu erfassen und können die erweckten Werbeversprechen und gesellschaftlichen Erwartungen oftmals nicht erfüllen (ebd.).

2.2.1 Schule als Organisation

Mitgliedschaft

Im Vergleich zu anderen Organisationen wie Unternehmen gestalten sich die Kriterien und Verhaltenserwartungen für Organisationsmitglieder der Schule uneinheitlich (Langenohl, 2008). Die normierten Verhaltenserwartungen und zu erbringenden Leistungen, die der Aufnahme und Aufrechterhaltung der Mitgliedschaft dienen, sind für Schüler*innen und Lehrpersonen different. Die in Deutschland gesetzlich verankerte Schulpflicht verpflichtet Kinder und Jugendliche zur Mitgliedschaft in der Organisation Schule (ebd.). Mit der Mitgliedschaft unterwerfen sich Kinder dem staatlichen Zwang zum Beschult-werden. Ihre individuellen Wahlmöglichkeiten im Rahmen der Mitgliedschaft sind eingeschränkt (ebd.). Lediglich die Dauer des Beschulungsprogramms kann durch die Auswahl oder das Verwehren eines Schulzweiges beeinflusst werden. Die Wahl des Schulzweiges ist allerdings von der schulischen Leistung der Schüler*in abhängig. Die normativen Verhaltenserwartungen, die mit der sozialen Rolle der Schüler*in verknüpft sind, beschränken sich auf das Sozialverhalten und die schulischen Leistungen (ebd.) Während bei nicht erfüllten Leistungsanforderungen der Zutritt zu weiterführenden Schulen verwehrt bleibt, kann Schüler*innen bei stark von der Erwartung abweichenden

Verhalten ein Schulverweis drohen (ebd.). Die Schwelle eines Organisationsausschlusses für Schüler*innen ist allerdings aufgrund der allgemeingültigen Schulpflicht in Deutschland sehr hoch (ebd.).

Eine Lehrkraft hingegen entscheidet sich grundsätzlich freiwillig für eine Mitgliedschaft in der Organisation Schule (Langenohl, 2008). Die Mitgliedschaft ist in der Regel mit einer Verbeamtung verbunden, was die Fluktuation geringhält. Die Organisationsaufnahme fordert den Nachweis der pädagogischen, didaktischen und fachlichen Kompetenz, die im Rahmen des staatlich organisierten Lehramtsstudium im Voraus erworben wurden (ebd.). Welche Kompetenzen eine Lehrkraft im Laufe ihrer Ausbildung entwickelt, wird im weiteren Verlauf der Arbeit näher erläutert. Mit der Mitgliedschaft unterwirft sie sich dem Bündel normierter Verhaltenserwartungen, die ein adäquates Verhalten gegenüber Schüler*innen einschließt (ebd.).

Zweck

Gemäß dem deutschen Grundgesetz (Artikel 1, Absatz 7, GG) steht das gesamte Schulwesen unter der Aufsicht des Staates. Der Erziehungs- und Bildungsauftrag verpflichtet ihn zur Bereitstellung eines leistungsfähigen Bildungssystems um „allen Bevölkerungsgruppen, unabhängig von Wohnort und Einkommen ein qualitativ gleichwertiges Bildungsangebot zu machen ..." (Fend, 2008b, S. 100). Aufgrund des Föderalismus in Deutschland liegt die Bereitstellung in der Verantwortung der Bundesländer. Dies beinhaltet sowohl die Förderung jedes Individuums als auch die Verpflichtungen gegenüber der Gesellschaft, welche ihr im Rahmen der gesellschaftlichen Funktion als institutionelle Einrichtung auferlegt werden (ebd.). Um ein einheitliches Bildungsangebot und die damit verbundene Chancengleichheit zu gewährleisten, stellen die einzelnen Bundesländer im Rahmen von Bildungsplänen die inhaltlichen Vorgaben zur Verfügung. Diese repräsentieren gesellschaftliche Erwartungen und Anforderungen, auf die Schüler*innen im Laufe ihrer Schullaufbahn treffen (Fend, 2008a). Des Weiteren stellt der Staat diverse materielle Güter wie Einrichtungen und Lehrmaterialien sicher sowie die Qualifikation des von ihm zur Verfügung gestellten Lehrpersonals durch die definierte Lehramtsausbildung, welche im Kapitel 3.3.2 detaillierter erläutert wird (Fend, 1980). „Der Staat kontrolliert sowohl die Organisationform des Schulsystems, die Verteilung von Kompetenzen, die Einhaltung der Vorschriften, die Zuweisung von Sachmitteln und Personal, die Inhalte, die zu lehren sind, als auch die Eingangsbedingungen und Abschlussbedingungen, die Prüfungen und Berechtigungen" (Fend, 1980, S. 50). Maßnahmen der Vereinheitlichung schränken allerdings auch immer die Vielfalt und

Freiräume ein, die beispielsweise in der Unternehmensführung wichtige Bausteine für Kreativität und Motivationssteigerung darstellen (Fend, 2008b). Maßnahmen der Vereinheitlichung im Sinne von Homogenisierung stehen in einem gewissen Spannungsfeld mit der Individualität der einzelnen Schüler*in. Auch wenn für die Gestaltung des Unterrichts gewisse Freiräume offenbleiben, sind die vom Bildungsplan festgelegten Lernziele für alle dieselben (Fend, 2008b). Dies übt auf Lehrkräfte und Schüler*innen Druck aus, da sie ungeachtet der individuellen Ausgangslage zu erreichen sind. Von Seiten des Staates bestehen keine konkreten Vorgaben, wie die Lehrkraft die individuelle Förderung im Rahmen des Unterrichts umsetzen kann. In diesem Zusammenhang können auch die schulischen Gegebenheiten wie die der Sozialform und Personalausstattung hinterfragt werden.

Hierarchie

Die Koordination der Ausbildung von Millionen Kindern erfordert ein komplexes System, das in Deutschland auf einer hierarchischen Beamtenstruktur beruht (Fend, 2008b). Während auf den tiefen hierarchischen Stufen des bürokratischen Modells Pädagogen tätig sind, finden sich auf höheren Stufen auch vermehrt politisches und juristisches Fachpersonal (ebd.).

Die Vereinheitlichung des Schulstoffes und dessen Umsetzung in Lehrwerke stellen aufwändige Projekte dar, die eine Vielzahl beteiligter Akteure unterschiedlicher Hierarchieebenen einschließen (ebd.). Auch die Erstellung von Jahreserzeugnissen ist ein komplexer Prozess, der „einem rechtlich geregelten Verfahren der Koordination und Abstimmung in Zeugniskonferenzen" (ebd., S. 100) folgt. Auf verschiedenen Ebenen benötigt es viele Regelungen und koordinierte Abläufe. Fend spricht in diesem Kontext von „rationale[n] Zweck-Mittel-Systemen" (Fend, 1980, S. 55). Prinzipiell müssen alle Vorgänge rechtlich abgesichert und dokumentiert werden, um sie justiziabel zu machen und die beteiligten Akteure gegen Ansprüche und Rekurse abzusichern (ebd.).

Auf Mikroebene finden sich hierarchische Strukturen zwischen Lehrkräften und Schüler*innen (Langenohl, 2008). Die bestehenden Rangordnungen dienen hier dem Zweck der Arbeitsteilung und können nicht mit Machtunterschieden gleichgesetzt werden (ebd.). Professionelles Handeln zeichnet sich durch die Kooperation von Experten und Klienten aus (ebd.). Aufgrund des Wissens- und Kompetenzvorsprunges gestaltet sich diese arbeitsteilig-hierarchisch. Die Beziehung zwischen Lehrkraft und Schüler*in ist allerdings gleichberechtigt (ebd.).

3 Öffentliche Schule und private Nachhilfe

3.1 Gesellschaftliche Funktionen der Institution Schule

3.1.1 Die Gesellschaft als Gesamtheit von Subsystemen

In der strukturfunktionalistischen Perspektive steht der gesellschaftliche Beitrag der Schule im Fokus, der gemäß Fend (2008) die gesellschaftliche Reproduktion und Innovation einschließt. Die Gesellschaft, die aus systemtheoretischer Sicht auch als Sozialsystem bezeichnet wird, ist die Gesamtheit aller Subsysteme, die in einem Wirkungsverhältnis stehen (Wiater, 2009). Das gesamte Wirkungsverhältnis kennzeichnet sich durch einen vernetzten Austausch von Leistungen, der für den Erhalt des Sozialsystems wichtig ist und das Überleben der Gesellschaftsmitglieder sicherstellt (Fend, 2008a).

Das Bildungssystem gehört neben dem politischen System und dem ökonomischen System zu den drei wichtigsten Subsystemen der Gesellschaft (ebd.). Das politische System, das in Entscheidungsprozesse anderer Systeme eingreift und durch Rahmenbedingungen systemisches Handeln einschränkt, kann als übergeordnetes System angesehen werden (ebd.).

Die Beziehung des Bildungssystems zum politischen System ist sehr eng. Der vom politischen System definierte allgemeingültige rechtliche Rahmen schützt insbesondere die Interaktion zwischen Lehrkräften und Schüler*innen (Fend, 2008a). Im Gegenzug spricht Becker (2009) von der „normativen Loyalität", die das Bildungssystem dem politischen System entgegenbringt. Das politische System und dessen demokratische Herrschaftsform können durch diese Loyalität abgesichert werden. Bedeutsam ist vor allem die im schulischen Rahmen stattfindende Reproduktion gesellschaftsrelevanter Werte, Normen und Weltanschauungen an nachfolgende Generationen (Becker, 2009). Schule leistet ebenso einen wichtigen Beitrag zur Demokratisierung, weil sie eine Übungsstätte für demokratisches Handeln ist und Raum für politische Bildung offenhält (Fend, 2008a). Über vorliegende schulische Hierarchien und Ordnungsstrukturen werden Schüler*innen außerdem auf gesellschaftliche Hierarchien vorbereitet. Die Akzeptanz politischer Strukturen wird angebahnt und das Vertrauen in die Träger des politischen Systems gestärkt (ebd.). Schüler*innen lernen die gesellschaftlich definierten Vereinbarungen anzuerkennen. Außerdem lernen sie die positive Wirkung eines rechtlich adäquaten Verhaltens und von bestimmten erbrachten Leistungen kennen (ebd.).

Der Leistungsaustausch zwischen dem Bildungssystem und dem ökonomischen System ist besonders wichtig. Das Bildungssystem ist neben der Produktion von Humankapital auch für dessen Übermittlung und Einübung zuständig (Fend, 2008a). Die Fähigkeiten und Kenntnisse, die das Humankapital von Schüler*innen formen, beziehen sich auf solche, die vor allem in der Wirtschaft gefragt sind (Becker, 2009). Das effektive Erzeugen wirtschaftlich relevanter Qualifikationsprofile durch Schule und Lernen stehen in der ökonomischen Betrachtungsweise im Vordergrund. Die wirtschaftliche Wettbewerbsfähigkeit kann mithilfe qualifizierten Personals aufrechterhalten und verbessert werden (Fend, 2008a).

Der Leistungsaustausch des Bildungssystems begrenzt sich nicht auf die beiden bereits erwähnten Subsysteme, sondern wird um den Austausch mit dem Wissenschaftssystem und kulturellen System erweitert (Fend, 2008a). An oberster Stelle des Wissenschaftssystems stehen universitäre Einrichtungen, die durch das Generieren von „wahrem" Wissen zur gesellschaftlichen Innovation beitragen und eine Antriebskraft des sozialen Wandels darstellen (ebd.). Die Reproduktion dieses Wissens erfolgt mithilfe organisierter Lehrveranstaltungen an Universitäten selbst sowie weiterer Bildungseinrichtungen wie Schulen (ebd.).

Das kulturelle System umfasst wichtige Kulturtechniken wie Sprache und Schrift, die eine Verständigung zwischen Gesellschaftsmitgliedern grundsätzlich ermöglichen und für die Ausbildung von Heranwachsenden essentiell sind (Fend, 2008a). Die Fähigkeit, Schriftzeichen zu entziffern und zu verstehen, ermöglicht das Wissen und die Kulturprodukte aus vorangegangenen Generationen zu verstehen und weiterzuentwickeln (ebd.). Des Weiteren zählen auch grundlegende Wertorientierungen, wie zum Beispiel die Vernunftfähigkeit oder Verantwortungsfähigkeit, zu den zentralen Aspekten des kulturellen Systems, die das Individuum zu verinnerlichen hat. (ebd.)

In einer arbeitsteiligen Gesellschaft ist ein System der Positionsverteilung unerlässlich (Fend, 2008a). Unterschiedlich wertige berufliche Positionen mit unterschiedlichen Anforderungsniveaus müssen von Personen mit passendem Qualifikationsprofil besetzt werden (Zeinz, 2009). Hierbei geht es um einen begründeten Zuordnungsprozess, der auf Grundlage leistungsbezogener Kriterien vollzogen wird (ebd.). Ein leistungsabhängiger Zugang zu bestimmten beruflichen Positionen erhöht den Stellenwert individuell erbrachter Leistungen, in die unterschiedliche Formen von Anstrengung und Bemühung einfließen (ebd.).

Die Position eines einzelnen innerhalb der Sozialstruktur steht in engem Zusammenhang mit dem Bildungsniveau, der erreichten beruflichen Position und dem damit verknüpften Einkommen (ebd.).

3.1.2 Gesellschaftliche Funktionen

Aus systemtheoretischer Sicht übernimmt die Schule zwei wichtige Funktionen, die Reproduktion und die Innovation (Fend, 2008a). Die Gesellschaft mit ihren Strukturen kann so über Generationen hinweg erhalten und weiterentwickelt werden. Funktionen sind Beiträge, die das Geflecht gesellschaftlicher Subsysteme zunächst „handlungsfähig" machen und für dessen Aufrechterhaltung notwendig sind (ebd.). Die schulischen Beiträge können als Lösungsbeiträge angesehen werden, welche die Schule zu außerschulisch auftretenden Subsystem-Problemen beiträgt (ebd.).

Fend differenziert zusammenfassend vier gesellschaftliche Funktionen, die neben dem gesellschaftlichen Nutzen auch immer Möglichkeiten für Individuen eröffnen.

Enkulturationsfunktion

Das in einer Gesellschaft vorhandene kulturelle System wird über die im schulischen Rahmen stattfindende Vermittlung grundlegender kultureller Fertigkeiten und Wertorientierungen reproduziert (Fend, 2008a). Wichtige Grundsätze dieser Reproduktionsfunktion stellen sowohl die Sinnvermittlung als auch die Förderung von Rationalität und Wissenschaftlichkeit dar (ebd.). Sie stärkt das eigenständige Denken und Handeln von Individuen. Das Bewusstsein junger Menschen erweitert sich durch die Ausbildung reflexiver Fähigkeiten, die persönliche Urteilsbildung und die moralische Entscheidungsfähigkeit (ebd.).

Qualifikationsfunktion

Das von außen wahrnehmbare, von Lehrkräften vorbereitete Lernarrangement, bezeichnet Fend (2008a) als institutionalisiertes Arrangement, das der Erfüllung der Qualifikationsfunktion dient. Schüler*innen bekommen Fertigkeiten und Kenntnisse vermittelt, „die zur Ausübung „konkreter" Arbeit erforderlich sind" (ebd., S. 50). Die individuelle Nutzung des Unterrichtsangebots, das berufsrelevante Fertigkeiten und Kenntnisse zu vermitteln versucht, steht in engem Zusammenhang mit der „Entwicklung des individuellen Leistungspotentials" (ebd.) und der beruflichen Laufbahn.

Integrations- und Legitimationsfunktion

Schulen sind wichtige „Instrumente der gesellschaftlichen Integration" (Fend, 2008a, S. 50). Schüler*innen erhalten sowohl im unterrichtlichen als auch außerunterrichtlichen Kontext Möglichkeiten, kulturelle Traditionen einer Gesellschaft kennenzulernen und zu verinnerlichen. Schule lehrt die gemeinsame Geschichte und sorgt dafür, „dass heranwachsende Menschen in ihrer Kultur keine Fremden bleiben" (ebd., S. 48). Sowohl die kulturelle als auch soziale Identität von Schüler*innen bildet sich hierbei aus, die den gesellschaftlichen Zusammenhalt stärken (ebd.). Ebenso übernimmt die Schule eine zentrale Aufgabe, die der Sicherung des gegenwärtigen politischen Systems dient. Sie ermöglicht eine Auseinandersetzung mit grundlegenden Strukturen des politischen Systems. Neben der Legitimation soll auch das Vertrauen der Schüler*innen in die Herrschaftsform gestärkt werden (ebd.).

Allokationsfunktion

Fend (2008a) entschied sich dafür, den Begriff der Selektionsfunktion abzulegen und spricht gegenwärtig von der Allokationsfunktion. Es gehe primär nicht darum, Menschengruppen gezielt aus Bildungs- und Berufslaufbahnen auszuschließen, sondern sie entsprechend ihrer individuell erbrachten Leistung sowie ihrem Qualifikationsprofil auf bestimmte Positionen mit speziellen Anforderungen zu verteilen (Fend, 2008a). Die Schule als gesellschaftliche Institution ist angehalten, unter Berücksichtigung des Prinzips der Chancengleichheit, Allokationsprozesse zu ermöglichen (Birkelbach, Dobschiat, R. & Dobschiat, B. 2017). Damit verknüpft ist eine gleichberechtigte Teilhabe an Bildungsangeboten sowie die optimale Förderung aller Menschen (Rudolph, 2002). Die zuordnenden Prozesse basieren auf dem meritokratischen Prinzip (Birkelbach et al., 2017). Gemäß diesem Prinzip stellt die individuelle Schulleistung ein wichtiges Kriterium für die Wahrnehmung der schulischen Allokationsfunktion dar (ebd.). Sie wird im schulischen Kontext mithilfe eines einheitlichen Maßstabes, der Schulnote, erfasst. Die Schule hält dem Individuum verschieden strukturierte Bildungs- und Berufslaufbahnen bereit, die differente Lebensläufe ermöglichen. Schule erhält somit eine herausragende Bedeutung für die individuelle Lebensplanung (Fend, 2008a).

Neben der Schule als verpflichtende und gesellschaftlich wichtige Bildungsinstitution, gibt es außerdem kommerzielle Nachhilfeinstitute, die sich ebenfalls im Feld der Bildung bewegen. Diese beiden Einrichtungen gehören jedoch nicht denselben Subsystemen an. Während die öffentliche Schule eine staatlich beaufsichtigte

Einrichtung des Bildungssystems ist, gehören kommerzielle Nachhilfeinstitute zu den Einrichtungen des Wirtschaftssystems. Auf deren Organisation und offerierte Bildungsangebote soll in den folgenden Kapiteln näher eingegangen werden.

3.2 Private Nachhilfe

3.2.1 Nachhilfe als bekanntes Phänomen

Nachhilfeunterricht ist keinesfalls ein neuzeitliches Phänomen. Die Ursprünge des privat finanzierten Nachhilfeunterrichts finden sich im 19. Jahrhundert, als das öffentliche Schul- und Berechtigungswesen schrittweise eingerichtet wurde (Streber, 2011).

> Bei den vorher existierenden städtischen Trivialschulen, klerikalen Gelehrtenschulen und privaten Winkelschulen kam eine zusätzliche private Unterrichtserteilung ohnehin nicht in Frage, da man an den Winkelschulen Bildung als solche — Lesen, Schreiben und Rechnen — verkaufte, während bei den anderen Typen der Schulbesuch an sich von Wichtigkeit war und nicht der unterschiedlich normierte Schulabschluss (Weegen, 1986, S. 236).

Mit der Einführung des staatlichen Abiturreglements im Jahre 1812 wurde das stark vertretene Privatschulwesen zurückgedrängt (Gießing, 1997). Das Abitur war von nun an die entscheidende Zugangsvoraussetzung in höherwertige berufliche Positionen, weshalb ein genereller Schulbesuch sowie die soziale Herkunft nicht mehr ausreichten, den sozialen Status in der Gesellschaft zu erhalten (Streber, 2011). Die in wohlhabenderen Familien tätigen Hauslehrer verloren zunehmend an Bedeutung, weil sich Eltern für den Besuch des Gymnasiums entschieden (Streber, 2011). Die Wahl der Schulform veränderte sich zugunsten der öffentlichen Schule (Gießing, 1997). Das Interesse an privaten Unterrichtsstunden war dennoch vertreten und war im Alltag vieler Gymnasiasten verankert. Bis zu 90 Prozent der Eltern ließen den gymnasialen Bildungsweg ihrer Kinder mit privaten Nachhilfestunden flankieren (Weegen, 1986). Die Organisation des Nachhilfeangebots wurde zu damaliger Zeit allerdings anders als heute organisiert und kontrolliert. Ein verhältnismäßig großer Teil der Nachfrage wurde von den Klassenlehrern abgedeckt, die für den zusätzlich erteilten Unterricht die Einwilligung des Schulleiters benötigten (Gießing, 1997). Das Stundenpensum der Klassenlehrer war beschränkt. Die Preise wurden schulintern festgelegt und gestalteten sich für die Eltern kostenintensiv (Morsch, 1910 & Roloff 1914, zitiert nach, Gießing, 1997). Ein weiterer Teil des Nachhilfebedarfs deckten Personen mit Lehrbefugnissen ab —

private Hauslehrer, die sich nach der flächendeckenden Etablierung der öffentlichen Schulen auf andere Art den Lebensunterhalt verdienen mussten (ebd.). In Volks- und Elementarschulen war das Nachhilfeangebot im 19. Jahrhundert institutionalisiert und stand leistungsschwachen Schüler*innen kostenfrei am Nachmittag zur Verfügung (ebd.). Das veränderte sich mit der Errichtung sogenannter Hilfsschulen, die vormittags ein Unterrichtsangebot für Leistungsschwache anboten. Generell ist anzumerken, dass die Schulaufsicht über die Einführung eines „Unterrichtserlaubnisscheines" die Kontrolle über das Nachhilfeangebot und dessen Qualität herzustellen versuchte. Personen, die eine Lehrbefugnis besaßen, jedoch keine Festanstellung nachweisen konnten, waren seit 1839 jährlich verpflichtet, diesen „Unterrichtserlaubnisschein" (Weegen, 1986, S. 238) zu beantragen. Nachhilfeträger wie Student*innen und ältere Schüler*innen, die keinen Unterrichtserlaubnisschein erhielten, konnten das definierte „Qualitätsmerkmal" nicht nachweisen, weshalb sich ihr Nachhilfeangebot für Eltern kostengünstiger gestaltete (Gießing, 1997). Jede Form außerunterrichtlicher Nachhilfe musste dem Schulleiter mitgeteilt werden — egal in welcher Form sie stattgefunden hat (ebd.). Die Beantragungspflicht des „Unterrichtserlaubnisscheins" wurde bis ins Dritte Reich erhalten. Der Erhalt dieses Scheines hing im Nationalsozialismus von der arischen Abstammung des Nachhilfeträgers ab (Weegen, 1996).

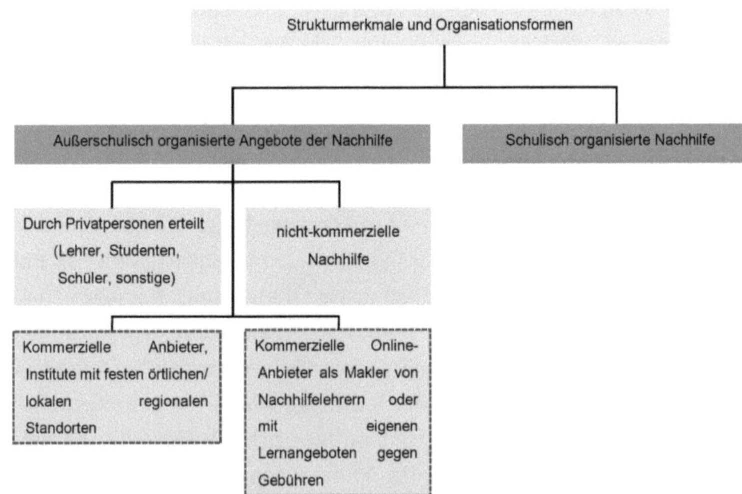

Abbildung 1: Strukturmerkmale und Organisationsformen von Nachhilfeträgern
Quelle: In Anlehnung an Birkelbach et al. 2017, S. 43

Seit den 1950er Jahren ist Nachhilfeunterricht ein vom Schulsystem unabhängiges Angebot, das Lernenden in unterschiedlichen Erscheinungsformen zur Verfügung steht (Birkelbach, 2017).

Das außerschulisch organisierte Nachhilfeangebot entzog sich der staatlichen Kontrolle und Qualitätssicherung (ebd.). Es stellt ein schwer zu erfassendes Geflecht dar, das durch differente Strukturmerkmale und Organisationsformen dennoch dargestellt werden kann (Birkelbach, 2017) und in Abbildung 1 dargestellt ist.

Gemäß Bidlo (2020) können alle, in der Abbildung 1 links angesiedelten Nachhilfeträger, trotz ihren differenten Struktur- und Organisationsformen der Kategorie des Nachhilfeinstituts zugeordnet werden. Aufgrund dieser Kategorisierung bezeichnet der Soziologe den Begriff des Nachhilfeinstituts als „Genrebegriff" (ebd., S. 19). „Darunter fallen ... nicht nur jene Institute, die den Begriff im Namen tragen, sondern alle Formen, die sich als nachhelfende Lehreinrichtungen verstehen lassen" (ebd.). Allen Lehreinrichtungen ist gemeinsam, dass sie ihre Nachhilfeangebote auf schulische Leistungsanforderungen beziehen. Lehreinrichtungen, wie Sportvereine, Musik- und Malschulen, werden entsprechend nicht einbezogen (ebd.). Die Verwendung des Begriffs des Nachhilfeinstituts erfolgt in dieser Arbeit in Kombination mit „kommerziell" und bezieht sich auf die unten links angesiedelten Nachhilfeträger, die in Form eines Gewerbes geführte Nachhilfeinstitute sind. Nach dem sich der Anteil dieser kommerziellen Nachhilfeinstitute zwischen 1990 und 2000 mehr als verdoppelte, schätzt sich der Marktanteil auf circa 40 Prozent (Jäger, Jäger-Flor & Haas, 2011). Die Marktanteile außerschulischer Nachhilfeinstitute verschoben sich zu Lasten von Privatpersonen (ebd.).

Bislang blieb die Definition des Begriffs der „Nachhilfe" aus. Streber (2018) weist auf die oberflächliche Verwendung des Terminus in der Fachliteratur hin und stellt fest, dass sich die Begriffsdefinition aufgrund der vielfachen Erscheinungsformen, Funktions- und Bedeutungsgehalte schwierig gestaltet. Dohmen, Erbes, Fuchs & Günzel (2011, S.17) fassen die gemeinsamen Charakteristika bereits existierender Definitionen zusammen: „Nachhilfe zielt auf die Verbesserung der schulischen Leistung, findet außerhalb und ergänzend zum Unterricht, meist regelmäßig und vorübergehend statt und wird privat bezahlt." Das schulisch organisierte sowie außerschulische Nachhilfeangebot, das Lernenden kostenfrei zur Verfügung steht, bleibt hierbei unberücksichtigt. Von besonderem Interesse ist eine vertiefte Auseinandersetzung mit den Nachhilfemotiven, die Einblicke in unterschiedliche Funktions- und Bedeutungsgehalte von Nachhilfeunterricht liefern.

3.2.2 Nachhilfemotive

Die Beweggründe, die zur Inanspruchnahme von Nachhilfe führen sind vielfältig und finden ihren Ursprung in unterschiedlichen Dimensionen. Die Fachliteratur differenziert zwischen schülerbezogenen, arbeitsmarkt- und elternbezogenen sowie schulsystembezogenen Motiven (Dohmen et al., 2008).

Schülerbezogene Motive

In schülerbezogenen Ansätzen kommt es zum Einsatz von Nachhilfeunterricht, um die Anschlussfähigkeit des Individuums wiederherzustellen, die es aufgrund temporärer Störungen verloren hat (Dohmen et al. 2008). Temporäre Störungen schließen „unzureichende Schulleistungen, kognitive Schwierigkeiten, Motivationsprobleme oder durch Fehlzeiten verursachte Wissenslücken ..." (Kramer & Werner 1998, zitiert nach, Dohmen et al., 2008, S.27) mit ein. Indirekt sind Eltern als Entscheidungsträger in alle Motive eingebunden, weil sie die finanziellen Belastungen des außerschulischen Nachhilfeangebots tragen und als Erziehungsberechtigte die Verantwortung für den Bildungserfolg ihrer Kinder übernehmen (Birkelbach et al., 2017). Die Familie fungiert „wohl als nutzungsbezogenes Stützsystem, indem sie Nachhilfe ermöglicht, sprich bezahlt"(Streber, 2018, S. 56).

In diesem Ansatz soll jedoch verdeutlicht werden, dass die Intention des Lernenden die antreibende Kraft für die Teilnahme an Nachhilfestunden darstellt. Es sind die individuellen Schwächen, die eine Versetzung oder einen anstehenden Schulwechsel gefährden und mithilfe von Nachhilfeunterricht kompensiert werden sollen (ebd.). Es handelt sich hierbei um kurzfristige schulbezogene Erfolgsziele, die im Bewusstsein von Lernenden vordergründig existieren (Jürgens & Dieckmann, 2007). Langfristige Erfolgsorientierungen hingegen finden sich bei Eltern, die primär eine Verbesserung beruflicher Chancen durch die Inanspruchnahme von Nachhilfeunterricht anstreben (ebd.).

Arbeitsmarkt- und elternbezogene Motive

Objektiv betrachtet, benötigen Eltern zeitliche und kognitive Ressourcen, um häusliche Unterstützungsmaßnahmen für ihre Kinder leisten zu können. Sie gehört noch immer zu der häufigsten Form der außerschulischen Unterstützung (Birkelbach et al., 2017). „Die hohe Selbstverpflichtung der Eltern beim Lernen ihrer Kinder basiert auf einer besonderen Erziehungs- und Bildungspartnerschaft zwischen Schule und Elternhaus ..." (ebd., S. 38). Statistisch gesehen ist dabei der zeitliche Aspekt nicht der entscheidende Faktor für den Bezug von privat zu finanzierenden Nachhilfestunden (ebd.).

Eltern entscheiden sich häufiger für eine Inanspruchnahme, weil vermittelte Schulinhalte ihre Kenntnisse übersteigen (ebd.). Dabei setzt dies auch immer ein ausreichendes verfügbares Familieneinkommen voraus.

Die Schullaufbahnpräferenzen der Eltern, die im Rahmen der Grundschulstudie IGLU erhoben wurden, verdeutlichen, dass sich Eltern in zunehmendem Maße höhere Bildungsabschlüsse für ihre Kinder wünschen (Hußmann et al., 2017). Der Wunsch nach höherwertigen Bildungsabschlüssen spiegelt sich inzwischen in allen sozialen Schichten wider (Birkelbach et al., 2017). Während sich im Jahr 2001 bereits 40,8 Prozent der Eltern einen Gymnasialabschluss für ihre Kinder wünschten, stieg die Zahl innerhalb von 15 Jahren auf 47,6 Prozent an (Hußmann et al., 2017). Dies kann auch mit dem stetig rückläufigen elterlichen Wunsch des Hauptschulabschlusses verzeichnet werden. Während 2001 noch 22,1 Prozent der teilnehmenden Eltern einen Hauptschulabschluss als erstrebenswert angegeben hatten, waren es 2016 nur noch 6,1 Prozent (ebd.). Nicht unbeachtet bleiben in diesem Zusammenhang der Erhalt und die Verbesserung des sozialen Status. Das elterliche Bewusstsein nimmt die Schule als „Instrument der Lebensplanung" (Fend, 2008a, S. 11) wahr. Der von Eltern weitverbreitete Wunsch eines formal hochqualifizierten Schulabschlusses steht jedoch häufig im Konflikt mit der individuellen Leistungsfähigkeit ihrer Kinder (Behr, 1990). Häufig kommt es unter Einfluss übersteigerter Bildungsaspirationen zu Bildungsentscheidungen, welche die individuelle Leistungsfähigkeit der Kinder ausklammern. Eltern entscheiden sich häufig für Schulformen, die nicht an die individuellen Möglichkeiten ihrer Kinder angepasst sind (ebd.). Sie greifen im außerschulischen Rahmen zu Mitteln, um entsprechende Bildungsaspirationen durchzusetzen, die die zukünftige soziale Position ihrer Kinder verbessern sollen. Kommerzielle Nachhilfe kann „als Mittel zur Realisierung der Bildungsaspirationen" (Rudolph, 2002, S. 99) angesehen werden. Die Inanspruchnahme von Nachhilfe zielt primär auf einen „in Noten und Abschlüssen gemessene[n] erfolgreiche[n] Weg durch das Bildungswesen mit Blick auf die Berufs- und Lebenschancen, die sich dadurch ergeben" (Birkelbach et al., 2017, S. 108) ab. Es ist anzumerken, dass Bildungserfolge in Form hochqualifizierter Bildungsabschlüsse eine notwendige, jedoch keine hinreichende Bedingung für Bildungswege in „status- und prestigereiche Berufslaufbahnen und -positionen" (ebd., S. 98) darstellen. Trotz hoher Qualifikationsanforderungen im Wirtschaftssystem, verstärkt sich der gegenwärtige Konkurrenzkampf um „prestige- und einkommensträchtige Positionen", der sich bereits im schulischen Kontext, im Wettkampf um gute Noten widerspiegelt (ebd., S. 99). Empirische Untersuchungen zeigen, dass ein nicht unbeträchtlicher Prozentsatz Nachhilfe beansprucht, um Schulleistungen allgemein um ein weiteres Maß zu verbessern, obwohl die Versetzung oder der angestrebte Schulabschluss der Schüler*innen nicht gefährdet sind (Klemm & Hollenbach-Biehle, 2016). Die Zusammenhänge zwischen der Inanspruchnahme von Nachhilfeunterricht und den Leistungsindikatoren sind sehr schwach (ebd.). Die Grundschulstudie IGLU aus dem Jahre 2006 kann diesen Befund bestätigen: „Von den Viertklässlern, die im Fach Deutsch Nachhilfeunterricht erhielten, lagen im IGLU-Test 26 Prozent mit ihren Leistungen in den untersten Kompetenzstufen, 51 Prozent in der dritten (mittleren) Stufe und 23 Prozent in den beiden oberen Kompetenzstufen" (Dohe, Kowoll, 2009 & Klemm und Klemm 2010, zitiert nach, Klemm & Hollenbach-Biele, 2016).

Die Kosten, die für Eltern durch eine Inanspruchnahme von Nachhilfeunterricht entstehen, können als Bildungsinvestitionen kategorisiert werden (ebd., S. 101). Die finanziellen Ansprüche, die in Zusammenhang mit der Inanspruchnahme von Nachhilfeunterricht gestellt werden, lassen vermuten, dass Kinder aus einkommensstarken Familien mit einem wesentlich größeren Anteil in der nachfragenden Gruppe vertreten sind. In der Forschung zeichnet sich allerdings gegenwärtig kein eindeutiges Bild über den Zusammenhang der Beanspruchung von Nachhilfeunterricht und dem Familieneinkommen ab (Klemm & Hollenbach, 2016, S.14). Es handelt sich hier um ein Phänomen, das mittlerweile in Familien mit allen Einkommensklassen vertreten ist (Birkelbach et al., 2017; Streber, 2018), was grundsätzlich nicht auf eine Chancenungleichheit in Bezug auf Nachhilfe hindeutet.

Natürlich wird eine einkommensschwache Familie, sofern sie Nachhilfe beansprucht, stärker belastet, weil sie einen wesentlich höheren Anteil des zur Verfügung stehenden Familieneinkommens in die Bildungsvorteile ihrer Kinder investiert, weshalb der Kostenfaktor in Bezug auf die Nachhilfebeanspruchung nicht ausgeklammert werden darf. Das im April 2011 in Kraft tretende Bildungspaket in Deutschland, bietet nur sozialbedürftigen Kindern und Jugendlichen finanzielle Unterstützung, wenn es um die Finanzierung außerschulischer Nachhilfe geht (Bundesministerium für Arbeit und Soziales, o.J.).

Darüber hinaus ist festzuhalten, dass das durchschnittliche Familieneinkommen eng mit dem Bildungsniveau der Eltern zusammenhängt. Kinder, deren Eltern über ein hohes Bildungsniveau verfügen, besitzen zusätzliche Möglichkeiten häuslicher Unterstützungsmaßnahmen (Birkelbach et al., 2017). Ob die statistischen Ergebnisse bezüglich der Verteilung von Nachhilfe über die Einkommensklassen unter Berücksichtigung der finanziellen Mehrbelastung und der fehlenden Möglichkeiten der häuslichen Unterstützung bei einkommensschwächeren Familien als Chancengleichheit angesehen werden können, bleibt Interpretationssache. Ein Bildungssystem soll Chancengleichheit schaffen, als konstitutives Merkmal der Demokratie (Rudolph, 2002). Damit verknüpft ist die gleichberechtigte Teilhabe an Bildungsangeboten und eine optimale Förderung aller Menschen (ebd.).

Schulsystembezogene Motive

Nachhilfeunterricht existiert nicht per se, sondern in Zusammenhang mit der Existenz des öffentlichen Schulwesens (Streber, 2018). „Nachhilfe im Allgemeinen und Nachhilfeinstitute im Besonderen sind ihren Ursprüngen nach Produkte der Schule bzw. Schulpflicht" (Bidlo, 2020). Somit gibt es einen Erklärungsansatz, der die strukturellen Mängel des Schulsystems als Nachhilfemotiv anführt. Die Inanspruchnahme außerschulischer Nachhilfe wird als „Reaktion auf Mängel ..." (Streber, 2018, S. 108) im öffentlichen Schulsystem gesehen, sowie auf die Selektivität des gegliederten Schulsystems. Zu den strukturellen Problemen gehören die Halbtagsschule, zu große Klassen, überfrachtete Lehrpläne, die personelle Unterbesetzung an öffentlichen Schulen, sowie Fehlplatzierung durch eine zu früh angesiedelte Verteilung auf unterschiedliche Schulformen (BMFSJ, 2006, zitiert nach, Dohmen et al., 2008). Im Folgenden sollen die Probleme der Halbtagsschule, individuellen Förderung und Leistungsbeurteilung aufgegriffen werden.

Ein wichtiges Thema, das Rudolph (2002) ausführlich behandelt, bezieht sich auf die „unzulängliche Hausaufgabenpraxis", die vorzugsweise in halbtagsorganisierten Schulen praktiziert wird. Bildungspläne und die damit verknüpften Bildungsstandards gestalten sich sehr umfangreich und die zur Verfügung stehende Unterrichtszeit erscheint knapp bemessen, weshalb wichtige Übungs- und Wiederholungsphasen in die Freizeit der Kinder ausgelagert werden (ebd.). Rudolph (2002) führt an, dass Eltern, aufgrund der häufig vertretenen Doppelberufstätigkeit die Hausaufgabenbetreuung und Nachhilfe als wichtige Kernaufgaben der Kinderbetreuung nicht mehr leisten können und zu außerschulischen Nachhilfeangeboten greifen, sofern finanzielle Mittel dies ermöglichen. Des Weiteren führen Birkelbach et al. (2017) an, dass die zeitliche Begrenztheit seitens der Eltern nicht das ausschlaggebende Kriterium für die Bezugnahme von Nachhilfestunden darstellt. Die häusliche Unterstützungsmaßnahmen schlagen viel mehr fehl, weil geforderte Lerninhalte die elterlichen Kenntnisse übersteigen (ebd.).

Eine gelungene Form individueller Förderung stellt die Kompetenzen einer Lehrkraft auf die Probe und fordert gewisse schulorganisationale Rahmenbedingungen (Klemm & Hollenbach-Biele, 2016). Im Schulgesetz von Baden-Württemberg wird in §1, Absatz 1, Förderung als eine Kernaufgabe von Schule definiert. Der Begriff der Förderung findet seinen Ursprung in der Heil- und Sonderpädagogik und wurde in Konzepte allgemeiner Didaktik eingearbeitet (Streber, 2018). Ein weit gefasstes Förderverständnis schließt pädagogische Handlungen ein, „die auf die Bildung und Erziehung von Menschen ausgerichtet sind und zwar so, dass sie möglichst optimal verläuft" (Ricken, 2008, zitiert nach, Streber, 2018, S. 38). Ein eng gefassteres Förderverständnis ist stärker am Individuum orientiert: „Unter individueller Förderung werden alle Handlungen von Lehrerinnen und Lehrern und von Schülerinnen und Schülern verstanden, die mit der Intension erfolgen bzw. die Wirkung haben, das Lernen der einzelnen Schülerin/des Schülers unter Berücksichtigung ihrer/seiner spezifischen Lernvoraussetzungen, -bedürfnisse, -wege, -ziele und -möglichkeiten zu unterstützen" (Kunze, 2008, zitiert nach, Streber, 2018, S. 39). Individuelle Fördermaßnahmen finden zwischen den Organisationsstrukturen, vor allem im halbtagsorganisierten Schulrahmen, wenig Raum, obwohl sie „unerlässliche Variable[n] erfolgreichen Unterrichtens" (Streber, 2018, S. 155) darstellen.

Die Ergebnisse einer Untersuchung von Jäger et al. (2011) verdeutlichen die Unzufriedenheit mit dem schulisch angebotenen Förderungsprogramm. Die Annahme, dass die Erweiterung individueller Förderangebote die Beanspruchung außerschulischer Nachhilfeangebote nichtig macht, findet bei Eltern und Lehrkräften hohe Zustimmung (ebd.). Die Organisationsformen individueller Supportstrukturen sind sehr vielfältig. Sie können sowohl im Unterricht als auch außerhalb eingebaut werden und schließen binnendifferenzierende Maßnahmen, speziell ausgerichtete Förder- und Trainingsprogramme sowie vorangehende und nacharbeitende Förderunterrichtstunden ein (Kiper, 2009, S. 83). Die Erweiterung von Ganztagsschulen scheint die naheliegendste Lösung für fehlende oder mangelhafte Organisationsformen individueller Förderung und die unzureichende Hausaufgabenpraxis in halbtagsorganisierten Schulen zu sein (Rudolph, 2002). Ganztagsschulen bieten optimale Rahmenbedingungen für die Umsetzung individueller Fördermaßnahmen (ebd.). Der zeitliche Rahmen stellt hier kein Problem dar, um allen Kindern und Jugendlichen ein optimales Förderangebot zu gewährleisten (ebd.). Bisher ausgelagerte Übungs- und Wiederholungsaufgaben können im schulischen Rahmen besser integriert und besprochen werden (ebd.). Individuelle Schwächen der

Lernenden können durch spezielle Förderangebote kompensiert werden, sodass Eltern auf das außerschulische Nachhilfeangebot verzichten können. Die Erweiterung von Ganztagsschulen wurde im Jahre 2003, in Zusammenhang mit dem Investitionsprogramm „Zukunft Bildung und Betreuung" (Bundesministerium für Bildung und Forschung, o.J.), angekurbelt. Die Bundesregierung investierte 4 Milliarden Euro für den Auf- und Ausbau von Ganztagsschulen. Ziel war die Schaffung einer neuen Qualität im Bildungssystem (ebd.).

Fischer, Radisch & Stecher (2009) führen an, dass Schüler*innen einer Ganztagsschule neben dem Unterricht ein breites Angebotsspektrum zur Auswahl haben. Die Ergebnisse vorliegender empirischer Untersuchungen, die den Effekt von Ganztagsschulen auf die Beanspruchung kommerzieller Nachhilfeangebote betrachten, fallen nach Birkelbach et al. (2017) sehr unterschiedlich aus. Es liegen Studien vor, die verdeutlichen, dass Ganztagsschüler*innen durchaus in Statistiken repräsentiert sind, die sich auf die Beanspruchung von Nachhilfe beziehen (ebd.). Dies lässt sich zum Teil damit begründen, dass Förderangebote in Form von Hausaufgabenhilfe und Förderunterricht aus der breiten Angebotspalette einiger Ganztagsschulen nicht selten ausgeklammert werden (Fischer et al., 2009), sodass Schüler*innen teils dennoch auf außerschulische Nachhilfeangebote angewiesen sind.

Ein weiterer wichtiger Aspekt, der im Rahmen schulsystembezogener Motive beleuchtet werden soll, bezieht sich auf die überholte Leistungsbeurteilung in Schulen. Insbesondere Eltern zeigen sich in den ersten notenfreien Schuljahren ungeduldig, weil ihnen der auskunftsgebende Indikator für weiterführende Bildungswege ihrer Kinder fehlt (Bartnitzky, 2006). Schulnoten sind der Maßstab, anhand dessen Schülerleistungen erhoben und nach außen sichtbar gemacht werden können (Birkelbach, 2017). Sie sind „das zentrale Kriterium anhand dessen die Schule ihre ... Allokationsfunktion wahrnimmt" (ebd. S. 113). Zur Beurteilung von Schülerleistungen stehen einer Lehrkraft drei Maßstäbe zur Verfügung, denen verschiedene Bezugsnormen zu Grunde liegen (Bartnitzky, 2006):

- Der individuelle Maßstab misst den Lernfortschritt der einzelnen Lernenden.

- Der anforderungsbezogene Maßstab misst, in welchem Maß Individuen die definierten Anforderungen erfüllt haben.

- Der sozial vergleichende Maßstab bringt die erbrachten Leistungen einer Vergleichsgruppe (z.B. einer Klasse) in eine Rangordnung.

Hierbei ist zu berücksichtigen, dass nicht alle Maßstäbe der Erfüllung der gesellschaftlichen Funktion gerecht werden, aus pädagogischer Sicht den Lernprozess von Schüler*innen jedoch lernwirksam begleiten. Die Kultusministerkonferenz (KMK) (2004) setzt voraus, dass ausgebildete Lehrkräfte die Vor- und Nachteile der Bewertungsmaßstäbe kennen und diese zielgerichtet zur Anwendung bringen. Die Vergabe von Noten erfolgt seit 1968, gemäß der Notendefinition der KMK, ausschließlich mithilfe des anforderungsbezogenen Maßstabs (Bartnitzky, 2006). Auf einer Notenstufe befinden sich Lernende mit demselben Leistungsniveau, unabhängig ihrer individuell eingebrachten Leistungsanstrengungen (ebd.). Befinden sich zu viele Kinder einer Klasse auf hohem Leistungsniveau, neigen Lehrkräfte dazu, mithilfe des sozial vergleichenden Maßstabs die Verteilung zu regulieren (ebd.). Bei einer Klassenarbeit mit vielen guten Ergebnissen erfolgt die Bewertung teilweise nach strengeren Kriterien. Anforderungen werden so gesteuert, dass einerseits der Verlauf der Gauß´schen Glockenkurve hergestellt wird, anderseits der Anschein eines anforderungsarmen Unterrichts vermieden wird (ebd.). Fragwürdig bleibt, ob die „berichteten Noten mit den tatsächlichen Zensuren übereinstimmen" (Streber, 2018, S. 125). „Hinsichtlich der messtechnischen Qualität ..." (Streber, 2018) sind Noten als Leistungsindikator problematisch, weil sie keine Validität gewährleisten können (ebd.) Streber (2018) kritisiert, dass, sofern der sozial vergleichende Maßstab Anwendung findet und von der Gauß´schen Normalverteilung ausgegangen wird, immer Verlierer und Gewinner produziert werden. Verlierer, die das Nachhilfeangebot aufgrund dessen wahrnehmen. Hinzu kommt, dass die Gewichtung kognitiver Fähigkeiten in anforderungsbezogenen Bewertungsmaßstäben sehr hoch ist (Rudolph, 2002). Sie leiten sich von standardisierten Anforderungen ab, die im Bildungsplan für alle Schulzweige definiert sind. Diese strukturieren die schulischen Lerninhalte und nebenbei auch diese von kommerziellen Nachhilfeinstituten. Demzufolge stellen Wiederholungs- und Übungsphasen wichtige Voraussetzungen und Möglichkeiten für gute Schulleistungen dar. (ebd.). Aus zeitlicher Begrenztheit werden diese, vor allem in Halbtagsschulen, in Form von Hausaufgaben in die Freizeit der Schüler*innen ausgelagert und von kommerziellen Nachhilfeinstituten aufgegriffen.

3.2.3 Motivwandel

Der Bedeutungs- und Funktionsgehalt von Nachhilfeunterricht ist vielschichtig, weshalb die Formulierung einer allgemeingültigen Definition, wie bereits angesprochen, herausfordernd ist. „War Nachhilfe ursprünglich ein Instrument für eine temporär begrenzte, fachspezifische Lernbegleitung mit dem Ziel, schulische

Defizite in einem oder mehreren Fächern erfolgreich auszugleichen, so hat sich der Bedeutungs- und Funktionsgehalt ... ausgedehnt" (Solga & Dombrowski, 2009, zitiert, nach Birkelbach et al., 2017, S.16). Nicht immer greift die außerschulische Lernbegleitung temporär begrenzt, defizitorientiert und kompensatorisch ein (Birkelbach et al., 2017). Nachhilfeunterricht verfolgt auch jenes Ziel, bereits leistungsstarken und motivierten Schüler*innen weitere Vorteile im Wettbewerb mit anderen zu verschaffen, weshalb unbefriedigende Noten kein ausschlaggebendes Kriterium für die Beanspruchung des Nachhilfeangebots darstellen (ebd.). Folglich ist Nachhilfeunterricht „ein zusätzliches, ergänzendes, vertiefendes, wiederholendes bzw. nachholendes individuelles Lernengagement" (Birkelbach et al., 2017, S. 41), das „als Unterstützung zur Defizitkompensation ..." (ebd., S.123) und als „Coaching mit Blick auf Noten und Abschlüsse, überspitzt auf Lebenschancen, verstanden ..." (ebd.) wird. Kommerzielle Nachhilfe fungiert als „prophylaktisches Konzept zur Risikovermeidung oder Kompensation ..." (ebd., S. 163). Insbesondere die langfristige Begleitung des Schulalltags mit Nachhilfeunterricht verankert sich zunehmend im Alltag vieler Kinder und Jugendlicher (ebd.). Gemäß einer repräsentativen Elternbefragung von Professor Klaus Klemm und Dr. Nicole Hollenbach-Biele (2016) erhalten 14 Prozent der Schüler*innen zwischen sechs und 16 Jahren Nachhilfeunterricht.

Streber (2018) weist darauf hin, dass das gute Bestehen in einem selektiv und kompetitiv ausgerichteten Ausbildungssystem besonders für Eltern wichtig ist. Die kompensatorische Funktion von Nachhilfeunterricht wird durch langfristige, zukunftsorientierte Nachhilfeangebote abgelöst (Birkelbach et al., 2017). Einen nicht unbeträchtlichen Beitrag leisten Eltern mit hohen Bildungsaspirationen und kommerzielle Nachhilfeinstitute, die scheinbar als „verständnisvoller und hilfsbereiter Bildungspartner" (Birkelbach et al., 2017, S. 123) Eltern zur Seite stehen. Entgegen dem ursprünglichen Sinn von Nachhilfe „binden die Institute ihre Schüler — oft nach einer kurzen Probezeit – vertraglich über mehrere Monate mit teilweise langen Kündigungsfristen" (ebd., S. 77). Die Gründe dafür finden sich in der zugrundeliegenden organisatorischen Struktur kommerzieller Nachhilfeinstitute, die im weiteren Verlauf betrachtet wird.

3.3 Kommerzielle Nachhilfeinstitute

3.3.1 Rechtsbezeichnung

Bundesweit gestaltet sich die konkrete Rechtsbezeichnung kommerzieller Nachhilfeeinrichtungen in Deutschland sehr uneinheitlich. In Baden-Württemberg werden sie als „freie Unterrichtseinrichtungen" (Rudolph, 2002, S. 8) bezeichnet, weshalb sie rechtlich von allgemein- und berufsbildenden Schulen in privater Trägerschaft abzugrenzen sind. Sie gehören, anders als öffentliche Schulen, nicht zu den Einrichtungen des staatlichen Schulsystems, weshalb die strenge Aufsicht des Staates über sie entfällt (ebd.). Nachhilfe ist sowohl auf Länder- als auch Bundesebene in keinem bildungs- und schulbezogenen Gesetz verankert (Birkelbach et al., 2017). Kein Bundesland sieht vor, die Tätigkeiten der Nachhilfeeinrichtungen zu beaufsichtigen (ebd.). Gemäß dem Bundesministerium für Bildung und Forschung (2004, S. 35) ist „kommerzielle Nachhilfe für Schülerinnen und Schüler, soweit sie nicht informell privat geregelt ist, dem Bereich non-formaler Bildung im Kindes- und Jugendalter zuzurechnen."

Kommerzielle Nachhilfeinstitute sind Gewerbebetriebe, die sich im Rahmen des Gewerberechts bewegen. „Das Gewerberecht als Bestandteil des Wirtschaftsrechts ... zielt vorrangig auf die Gewährleistung von wirtschaftlicher Selbstständigkeit, Dauerhaftigkeit und Gewinnerzielung ab" (Birkelbach et al., 2017, S. 151). Im Vergleich zu anderen gewerblichen Betrieben sind kommerzielle Nachhilfeinstitute deutlich im Vorteil. Sowohl das Umsatzsteuer- als auch Gewerbesteuergesetz befreit sie von regulär anfallenden steuerlichen Abgaben an das Finanzamt, mit der Begründung, dass es sich um Leistungen handle, die „unmittelbar dem Schul- und Bildungszweck" (§ 4 Nr. 21 UstG) dienen. Im Jahr 1971, als diese Rechtsgrundlage geschaffen wurde, bewegten sich die Anbieter kommerzieller Nachhilfe jedoch noch in einem quantitativ überschaubaren Rahmen (Rudolph, 2002). Die Gründung eines kommerziellen Nachhilfeinstituts gestaltet sich verhältnismäßig einfach – sie fordert eine Anzeigepflicht beim lokal zuständigen Gewerbeamt (Dohmen et al., 2008). Eine behördliche Genehmigungspflicht als Bildungsinstitution ist jedoch nicht notwendig (Birkelbach et al., 2017). Für die Gründung und Erweiterung eines Nachhilfeinstituts gibt es keine formell definierten Kriterien, die ein Gewerbeinhaber erfüllen muss (ebd.). Die pädagogische Eignung und Qualifikation werden nicht geprüft. Die Entscheidung, welche Mitglieder der Gewerbeinhaber für die Erfüllung organisationaler Aufgaben rekrutiert, bleibt staatlich unbeeinflusst (ebd.). Unseriösen Gewerbeinhabern und Mitgliedern, die neben angeblichen pädagogischen Zielen, beispielsweise politische oder missionierende Ziele verfolgen, werden Möglichkeiten eröffnet, Kinder und Jugendliche zu beeinflussen und für ihre Ansichten zu gewinnen (ebd.). Entscheiden sich Menschen dafür, als Nachhilfelehrkräfte tätig zu werden, ist die staatliche Lehrerausbildung, die im darauffolgenden Abschnitt beschrieben wird, keine Voraussetzung.

3.3.2 Qualifikation der Lehrkräfte

3.3.2.1 Qualifikation der Lehrkräfte an öffentlichen Schulen

Die staatliche Lehrerausbildung gestaltet sich kompetenzorientiert und ist von der Kultusministerkonferenz (KMK) (2004) curricular standardisiert. Die KMK (2004) unterscheidet insgesamt vier Kompetenzbereiche, die in theoretischen und praktischen Phasen ausgebildet werden (Sekretariat der Ständigen Konferenz der Kultusminister der Länder, 2004). Den vier Kompetenzbereichen sind 12 Kompetenzen zugeordnet, denen Standards für theoretische und praktische Ausbildungsphasen zugrunde liegen (ebd.). Als Standards werden Anforderungen bezeichnet, die von einer Lehrkraft zu erfüllen sind (Streber, 2018). Sie sind für die qualitative Sicherung der schulischen Bildung essenziell, welche die Kultusministerkonferenz als wichtige Kernaufgabe im Schulsystem übernimmt (ebd.). Unterrichtliche Anforderungen und Herausforderungen sollen mit der Ausbildung vielfältiger Kompetenzen von der Lehrkraft bewältigt werden (Koch, 2019):

> Kompetenzen sind die bei Individuen verfügbaren oder durch sie erlernbaren kognitiven Fähigkeiten und Fertigkeiten, um bestimmte Probleme zu lösen, sowie die damit verbundenen motivationalen, volitionalen und sozialen Bereitschaften und Fähigkeiten, um die Problemlösungen in variablen Situationen erfolgreich und verantwortungsvoll nutzen zu können

> (Weinert, 2001, S. 27).

Zu den vier Kompetenzbereichen gehören gemäß der KMK (2004, S. 7-12):

- Unterrichten: Lehrerinnen und Lehrer sind Fachleute für das Lehren und Lernen.

- Erziehen: Lehrerinnen und Lehrer üben ihre Erziehungsaufgabe aus.

- Beurteilen: Lehrerinnen und Lehrer üben ihre Beurteilungsaufgabe gerecht und verantwortungsbewusst aus.

- Innovieren: Lehrerinnen und Lehrer entwickeln ihre Kompetenzen ständig weiter.

3.3.2.2 Qualifikation der Lehrkräfte in kommerziellen Nachhilfeinstituten

Kommerzielle Nachhilfeinstitute gehören nicht zu den Einrichtungen des staatlichen Schulsystems. Obwohl viele berufliche Beschäftigungen, vor allem solche im Bildungsbereich, einen Qualifikationsnachweis benötigen, ist die eingangs beschriebene kompetenzorientierte Lehrerbildung, der qualitätssichernde KMK-Standards zugrunde liegen, keine Voraussetzung für eine Anstellung bei kommerziellen Nachhilfeinstituten (Streber, 2018). Entscheiden sich Menschen dafür, ihren Lebensunterhalt mit Nachhilfestunden zu verdienen, steht diesem Wunsch grundsätzlich nichts im Weg, sofern finanzielle Mittel für die Anmeldung eines Gewerbes vorhanden sind (Birkelbach et al., 2017). Wie mit Anforderungen und Herausforderungen im Nachhilfeunterricht umgegangen wird, liegt allein in der Verantwortung des Gewerbeinhabers und ist staatlich nicht definiert. Werben Nachhilfeinstitute mit der Professionalität ihres Nachhilfeunterrichts, bleibt nebensächlich, dass „ausgebildete Lehrer bei den institutionellen Anbietern von Nachhilfe in der Minderheit sind und ein großer Teil der Nachhilfelehrkräfte aus anderen, nicht pädagogisch affinen Bereichen kommt" (Birkelbach et al., 2017, S. 157). Die fachliche und pädagogische Qualifikation gerät deswegen häufig in Kritik, weil die staatliche Lehrerbildung keine Voraussetzung für die Tätigkeit als Nachhilfelehrkraft darstellt (ebd.). Zudem kann angeführt werden, dass die Überprüfung des beruflichen Werdegangs und der Eignung von angestellten Nachhilfelehrkräften, gemäß Rudolph (2002), von Gewerbeinhaber*innen nebensächlich behandelt wird. Rudolph (2002) verweist in diesem Kontext auf hohe Fluktuationsraten innerhalb kommerzieller Nachhilfeinstitute, welche in der öffentlichen Schule durch die Verbeamtung der Lehrkräfte verhältnismäßig geringgehalten werden.

3.3.2.3 Wichtige Kompetenzen einer Lehrkraft

Zu den wichtigen Kompetenzen einer Lehrkraft gehören Sachkompetenz, Didaktische Kompetenz, Diagnostische Kompetenz sowie Klassenführungskompetenz (Helmke, 2003). Diese finden sich auch unter den Kriterien guten Unterrichts, die das staatliche Schulamt Nürtingen (online) wie folgt definiert und mit Merkmalen untermauert:

Sachkompetenz

Darunter wird die fachliche Fundiertheit des Unterrichts und souveräne Vermittlung von Unterrichtsinhalten verstanden. Die Fach- und Sachkompetenz ist eng mit der didaktischen Kompetenz verknüpft.

Merkmale sind unter anderem:

- Inhalte werden fachlich korrekt vermittelt
- Quer- und fächerübergreifende Bezüge erleichtern das Verständnis
- Fachdidaktische Prinzipien werden berücksichtigt

Didaktische Kompetenz

Darunter wird die Fähigkeit der Lehrkraft verstanden, Unterrichtsinhalte alters- und situationsgemäß angemessen zu planen, so dass sowohl die Anbindung an bisherige Wissens- und Könnensstände als auch der Transfer im Sinne der Anwendungsorientierung gewährleistet ist.

Merkmale sind unter anderem:

- Exemplarisches Lernen wird im Sinne einer notwendigen didaktischen Reduktion eingesetzt
- Aufgreifen, Kontrastieren und Weiterentwickeln von Vorerfahrungen
- Kognitive Aktivierung
- Variabilität der Unterrichtsformen
- Unterrichtsmethoden dienen den verfolgten Unterrichtszielen
- Die Ziele des Kompetenzerwerbs beziehen sich auf den Bildungsplan
- Ziele des Unterrichts sind begründbar

Diagnostische Kompetenz

Diagnostische Kompetenz stellt eine notwendige Voraussetzung dar, um eine gezielte individuelle Förderung zu ermöglichen. Dabei werden ebenso fachliche wie auch überfachliche Kompetenzen und Lernvoraussetzungen erfasst. Dazu ist es erforderlich, dass die Lehrkraft gezielt Unterrichtssituationen schafft, in denen der Entwicklungs- und Lernstand der Schüler diagnostiziert werden kann.

Diagnostische Kompetenz kommt zum Ausdruck durch:

- Berücksichtigung individueller Lernvoraussetzungen
- Quantitativ und qualitativ differenzierende Aufgabenstellungen
- Berücksichtigung geschlechtsspezifischer Aspekte
- Berücksichtigung ethnischer und sozi-ökonomischer Hintergründe

Klassenführungskompetenz

Unter Klassenführung wird die Gestaltung einer förderlichen Unterrichts- und Arbeitsatmosphäre verstanden.

Merkmale sind unter anderem:

- Überblick über die Schüleraktivitäten
- Gemeinsam vereinbarte und klare Regeln
- Bekannte und regelmäßig eingesetzte Rituale
- Stimmigkeit von verbaler und nonverbaler Sprache der Lehrkraft
- Angemessene und rasche Reaktionen auf Störungen
- Definierte Aufgaben (Klassenämter)
- Effiziente Nutzung der Unterrichtszeit

3.3.2.4 Unterschiede zwischen den Anforderungen des Klassen- und Nachhilfeunterrichts

Ein Vergleich zwischen Klassen- und Nachhilfeunterricht zeigt, dass die Anforderungsprofile der Unterrichtsformen sowohl Gemeinsamkeiten als auch Unterschiede aufweisen (Streber, Haag & Götz, 2011).Die Situation im Klassenunterricht gestaltet sich wesentlich komplexer, aufgrund dessen nicht alle erläuterten Kernkompetenzen einer voll ausgebildeten Lehrkraft für Nachhilfelehrkräfte gleichermaßen von Bedeutung sind (ebd., S. 344):

Sachkompetenz

Natürlich müssen sowohl Nachhilfelehrer als auch Lehrkräfte staatlicher Schulen sachkompetent sein, um Lerninhalte fachlich korrekt vermitteln zu können (ebd.). Der Unterschied besteht darin, dass Lehrkräfte in einem anderen Ausmaß – sowohl quantitativ als auch qualitativ – unerwarteten Schülerfragen Rede und Antwort stehen müssen (ebd.). Die Fragen gestalten sich teilweise fachspezifischer, gar fächerübergreifend und weichen von festgelegten Lernzielen ab. Nachhilfeunterricht hingegen ist anforderungsbezogener und orientiert sich stärker an den festgelegten Lernzielen des Bildungsplans (Streber et al., 2011).

Klassenführungskompetenz

Die Klassenführungskompetenz ist für Nachhilfelehrkräfte aufgrund der von ihnen ausgewählten Sozialformen des Einzel- und Kleingruppenunterrichts von geringer Bedeutung (ebd.).

Didaktische Kompetenz

Die didaktischen Anforderungen sind in den beiden Unterrichtsformen different. Im Klassenunterricht steht die strukturierte Einführung neuer Inhalte unter Berücksichtigung von Methodenvielfalt im Fokus (ebd.). Obwohl die individuelle Förderung einzelner Schüler*innen eine wichtige Kernaufgabe für Lehrkräfte darstellt, gerät ihre Durchführung im Klassenunterricht häufig in Kritik (Streber, 2018). Die Einführung neuer Lerninhalte entzieht sich in der Regel dem Anforderungsprofil einer Nachhilfelehrkraft, weshalb sich ihr didaktisches Anforderungsprofil verhältnismäßig weniger umfangreich gestaltet (Streber et al., 2011). Dieses bezieht sich im Nachhilfeunterricht vorzugweise auf die gezielte Förderung einzelner Schüler*innen, weshalb diese eine wichtige Kompetenz für Nachhilfelehrkräfte darstellt (ebd.). Die Rahmenbedingungen einer individuellen Förderung sind im Einzel- und Kleingruppenunterricht zudem begünstigt, weil geplante Fördermaßnahmen gezielter und adaptiver eingesetzt werden können (ebd.).

Diagnostische Kompetenz

Die diagnostische Kompetenz stellt eine wichtige Voraussetzung dar, um individuelle Fördermaßnahmen für Schüler*innen entwickeln und zur Anwendung bringen zu können (Streber, 2018). Sie ist sowohl für Nachhilfelehrkräfte als auch Lehrkräfte staatlicher Schulen sehr bedeutsam. „Die Wirksamkeit eines Trainings hängt im Vorfeld von der Genauigkeit der Diagnose individueller Fähigkeiten ab" (Rechter, 2011, S. 123).

3.3.2.5 Erfolg von Nachhilfelehrkräften mit unterschiedlichem Qualifizierungsgrad

In vielfachen Desiderata wissenschaftlicher Arbeiten häufen sich kritisierende Aussagen, die auf die mangelnde Qualifikation von Nachhilfelehrkräfte verweisen. Auch im vorhergehenden Kapitel wurde bereits kritisch darauf verwiesen, dass für die Tätigkeit als Nachhilfelehrkraft keine Qualifikation, die im Rahmen einer beruflichen Ausbildung erworben wurden, nachgewiesen werden müssen.

Um aufzuzeigen, ob Zusammenhänge zwischen Nachhilfeerfolg und dem Qualifizierungsgrad der Nachhilfelehrkräfte existieren, soll folgende empirische Studie in dieser Arbeit beleuchtet werden. Streber, Haag und Götz (2011) untersuchten, inwiefern „Nachhilfelehrer, die einen unterschiedlichen Ausbildungsgrad erreicht haben, mit Blick auf ihre tutorielle Wirkung Unterschiede erzeugen" (Streber et al., 2011). Inkludiert waren vier Gruppen von Nachhilfelehrkräften mit unterschiedlichem Qualifikationsgrad – Lehramtsstudierende, Nicht-Lehramtsstudierende, ausgebildete Lehrer sowie Nachhilfelehrer aus anderen Bereichen. Alle Beteiligten erhielten im Voraus einheitliches Fördermaterial zur Hand und wurden in dieses eingeführt. Folgende Forschungshypothese lag der Studie zugrunde:

> Zwischen unterschiedlichen Gruppen von Nachhilfelehrern (Lehramtsstudierende, Nicht Lehramtsstudierende, Ausgebildete Lehrer, Nachhilfelehrer aus anderen Bereichen) besteht kein signifikanter Unterschied, was sowohl die Verbesserung der Noten bei den Schülern angeht als auch die Einschätzung der für erfolgreiche Nachhilfe zentralen Kompetenzen durch die Schüler.

Bundesweit wurden in dieser breit angelegten Studie 2155 Nachhilfeschüler*innen aus verschiedenen Schulformen der Sekundarstufe befragt. Der Fragebogen bestand aus zwei Teilen. Im ersten Teil wurde die Notenentwicklung der Nachhilfeschüler*innen innerhalb einer initialen sechsmonatigen Nachhilfeperiode erfasst. Im zweiten Teil ging es um die Bewertung der Nachhilfelehrkräfte. Hierbei wurden alle definierten Kompetenzbereiche der Kultusministerkonferenz, die bereits im Kapitel 3.3.2 erläutert wurden, eingearbeitet und abgefragt. Die Ergebnisse dieser Studie bestätigen die zugrundeliegende Forschungshypothese. In beiden Teilen konnten keine signifikanten Unterschiede zwischen den vier Nachhilfegruppen, in Bezug auf die Notenverbesserung und Einschätzung der für erfolgreiche Nachhilfe zentraler Kompetenzen, nachgewiesen werden. Die Nachhilfeschüler*innen verbesserten sich in allen Fächern – Mathematik, Englisch und Deutsch – um eine Notenstufe. Insbesondere das „Eingehen auf den einzelnen Schüler, das in der Nachhilfe gefragt ist, ist nicht an eine bestimmte Ausbildung gebunden, so die Schlussfolgerung, doch es muss gekonnt werden" (Streber, 2018, S.113). Während die Ergebnisse dieser Studie die Relevanz der Persönlichkeit von Nachhilfelehrkräften unterstreicht, geht das nächste Kapitel auf die Wirkfaktoren ein, die verdeutlichen, dass eine Nachhilfelehrkraft bei der Planung und Durchführung ihrer Nachhilfeunterrichtsstunden gewisse Aspekte berücksichtigen muss, die entsprechende Kompetenzen von ihr einfordern.

Die Ergebnisse dieser Studie bezüglich der Kompetenzen von Nachhilfelehrkräften stützen sich ausschließlich auf subjektive Schülerbewertungen, weshalb sie allgemein kritisch zu hinterfragen sind und Deutungsspielraum offenlassen. Die positiven Bewertungen sprechen vor allem auch für die zur Anwendung kommenden Sozialformen im Nachhilfeunterricht und können dahingehend interpretiert werden, „dass sich die Nachhilfeschüler in der Nachhilfe von ihrem Coach sehr gut betreut fühlen – auch ganz verständlich auf der Folie einer normal erlebten Klassensituation, in der sich ein Schüler einer unter vielen erleben muss" (Streber, 2018, S. 355).

3.3.2.6 Wirkfaktoren von Nachhilfe

Thomas, van Kessel, Lohrmann und Haag (2006) identifizierten fünf „Wirkfaktoren von Nachhilfe ... auf die es bei erfolgreicher Nachhilfe ankommt (Streber, 2018, S. 114).

Vorwissen sichern

„Die Sicherung von Vorwissen im Nachhilfeunterricht bedeutet:

- Es werden Wissenslücken geschlossen.
- Die Voraussetzung für den Erwerb neuer Lerninhalte werden sichergestellt.
- Es kommt zu einer besseren Verknüpfung neuer Lerninhalte" (Streber, 2018, S. 134).

Selbstorganisiertes Lernen

„Im Nachhilfeunterricht hat der Schüler die Möglichkeit

- Die Lerninhalte selbst zu bestimmten
- Sich mehr auf die Lernprozesse zu konzentrieren" (ebd.)

Time on Task

„Time on Task bei Nachhilfe bedeutet:

- Nachhilfeunterricht ist dann erfolgreich, wenn das absolute Ausmaß der Lernzeit möglichst hoch gehalten wird.
- Zu dieser möglichst dichten Instruktionsquantität muss auch dazu kommen, dass deren Nutzung möglichst effektiv gehalten wird.
- Eine Bedingung, dass 'time on task' möglichst hochgehalten werden kann, ist, wenn die Zusatzration Nachhilfe möglichst regelmäßig, d.h. in verteilter und nicht massierter Form in Anspruch genommen wird" (ebd.).

Lernstrategien

„Der Einsatz von Lernstrategien ist gerade im Nachhilfeunterricht ideal. Aufgrund der Gruppengröße ist es eher möglich, die Schüler zu einem Einsatz effektiver Strategien anzuleiten und deren Einsatz anzuregen. Außerdem kann dies am konkreten Stoff tagein, tagaus eingeübt werden" (ebd.).

Individuelle Bezugsnorm

- „Über Nachhilfeunterricht werden motivationsfördernde Maßnahmen gut ermöglicht:
- Die Lehrkraft kennt den individuellen Leistungsstand
- Die Lehrkraft erkennt den individuellen Leistungsfortschritt
- Die Lehrkraft kann die individuell erbrachte Leistung und die Leistungsverbesserung honorieren" (ebd.).

Rechter (2011) verdeutlicht, dass eine Qualifikation angesichts der vielfältigen Herausforderungen, mit der Unterrichtende in der Nachhilfesituation konfrontiert sind, natürlich von Vorteil ist. Mithilfe einer umfangreichen Vorstrukturierung der Förderinhalte und spezifischen Fortbildungen kann es jedoch auch Nachhilfelehrkräften ohne pädagogische Lehrerbildung gelingen, Erfolge im Nachhilfeunterricht zu verzeichnen (ebd.). Streber (2018) verweist in diesem Zusammenhang auf das Vorhandensein eines theoretischen Konzepts, das erklärt, weshalb Nachhilfeunterricht überhaupt erfolgreich sein kann. Das Konzept muss ein deutliches Ablaufmuster für Nachhilfeunterrichtsstunden definieren (ebd.). Die vorangestellten Wirkfaktoren von Thomas, van Kessel, Lohrmann und Haag (2006) stellen wichtige Bezugspunkte für die Planung eines solches Konzepts dar. Die Ausarbeitung eines solchen Nachhilfekonzepts ist insgesamt positiv zu bewerten. Von Seiten des Staates existieren keine rechtlichen Regelungen, die das Vorhandensein eines pädagogischen Nachhilfekonzepts, an das sich die Nachhilfelehrkräfte zu halten haben, verbindlich machen. Es bleibt das Eigeninteresse der Gewerbeinhaber. Die unterrichtsbezogenen Tätigkeiten angestellter Nachhilfelehrkräfte können von daher variieren.

Größere Nachhilfeinstitute erarbeiten diese häufig in Kooperation mit „namhaften Vertreterin/innen aus Forschung bzw. Wissenschaft" (Birkelbach et al., 2017, S. 66). Die Konzepte werden gerne nach außen repräsentiert und fungieren als Qualitätsmerkmal und Aushängeschild. Sie eignen sich, um die angebotenen schülerbezogenen Dienstleistungen auf der „Schauseite" (Kühl, 2011) der Organisation attraktiver darzubieten. Beispielsweise wirbt das kommerzielle Nachhilfeinstitut „Schülerhilfe" auf ihrer Website mit qualifizierten Nachhilfekräften und verweist hierbei auf einen für sie verbindlichen Qualifizierungsprozess, der in Zusammenarbeit mit dem Lehrstuhl für Pädagogik der Universität Bayreuth unter der Leitung von Prof. Dr. Haag entwickelt und überprüft wurde (Schülerhilfe, o.J.*b*). Welche pädagogischen Ansätze in diesem Nachhilfekonzept verarbeitet sind, kann der

Außenstehende der Schauseite dieser Organisation jedoch nicht entnehmen, da das Konzept für Außenstehende sehr intransparent ist. Rudolph führt an, dass die Umsetzung eines solchen Konzepts eine Entscheidung der Organisation bleibt. Es sind keine staatlichen Instanzen vorgesehen, welche die organisationalen Tätigkeiten auf deren Qualität überprüft (Rudolph, 2002). In Bezug auf die von Kühls (2011) zu Beginn beschriebene Organisationsstruktur kann das vom Organisationskonzept abweichende Verhalten informal vorgesehen sein, weil die Einarbeitung, in das nach außen hin repräsentierte Nachhilfekonzept und die regelmäßige Überprüfung der Anwendung dieses Konzepts ein Kosten- und Zeitfaktor für das Nachhilfeinstitut darstellen.

Um die gesellschaftliche Legitimität zu steigern, unterwerfen sich einige Institute Zertifizierungsverfahren, die von Begutachtungsstellen durchgeführt werden (Dohmen et al., 2008). Sie sollen Marktangebote insbesondere für Eltern transparenter machen (ebd.). Die Kosten und der zeitliche Aufwand für eine Zertifizierung sind sehr hoch, weshalb kleinere Nachhilfeinstitute sich dieser eher entziehen (ebd.). Zu den drei dominierenden Zertifikatstypen auf dem Nachhilfemarkt gehören das ISO-Zertifikat des TÜV-Nord, das Zertifikat des TÜV-Rheinland und das RAL-Gütesiegel (Birkelbach et al., 2017). Die unterschiedlichen Qualitätsstandards, die den Zertifikatstypen zugrunde liegen, erschweren den Vergleich kommerzieller Nachhilfeinstitute (Dohmen et al., 2008).

3.3.2.7 Individuelle Förderung – Vergleich unterschiedlicher Sozialformen

Individuelle Förderung ist ein wichtiger Kernpunkt in der Auseinandersetzung mit dem Thema Nachhilfe. Gemäß Sandfuchs (2011) ist Nachhilfeunterricht eine außerschulische und privat zu finanzierende Organisationsform individueller Förderung. Die Anforderungen und Herausforderungen, die mit der Umsetzung individueller Fördermaßnahmen verbunden sind, gestalten sich für Nachhilfelehrkräfte und Klassenlehrkräfte different (Streber, 2018). Die Umsetzung individueller Fördermaßnahmen im Klassenunterricht, insbesondere in halbtagsorganisierten Schulen, gerät häufig in Kritik, weshalb Eltern oft auf außerschulische Organisationsformen zurückgreifen (Streber, 2018). In der Arbeit wurde bereits deutlich, dass kommerzielle Nachhilfeinstitute durch ihre ausgewählten Sozialformen optimale Rahmenbedingungen schaffen, die auch von Nachhilfeschüler*innen sehr positiv empfunden werden (ebd.). Im Folgenden sollen Vorteile der ausgewählten Sozialformen im Nachhilfeunterricht – Einzel- und Kleingruppenunterricht – thematisiert werden. Forscher sind sich darüber einig, dass individuelle Fördermaßnahmen im Einzel- und Kleingruppenunterricht effektiver sind als im Klassen-verband (ebd.). Widersprüchliche Forschungsergebnisse liegen vor, wenn es um den Vergleich von Einzel- und Kleingruppenunterricht geht (ebd.). Streber ver-weist in diesem Kontext auf die „reiche Tradition an Praxiserfahrungen" (ebd., S. 123), die im Bereich der Nachhilfe wissenschaftliche Befunde bedeutsam anrei-chert. In der Theorie des Praktikers sind häufig tradierte Pauschalitätsannahmen bedeutsam, die Streber (2018, S. 123) aufgreift, um die Vorteile des Einzel- und Kleingruppenunterrichts zu beschreiben:

Vorteile des Einzelunterrichts:

- „Im Rahmen einer Einzelförderung können die Förderinhalte leichter auf die individuellen Bedürfnisse zugeschnitten werden.

- Der Nachhilfelehrer kann sich uneingeschränkt einem einzelnen Nachhilfe-schüler widmen." (ebd., S. 123)

Vorteile des Kleingruppenunterrichts:

- „Im Gruppenunterricht besteht die Möglichkeit des voneinander Lernens und gegenseitigen Austausches.

- Nervosität und Prüfungsangst, häufig Begleiterscheinungen von schwachen Schulnoten, werden in einer Gruppenarbeitssituation effektiver abgebaut.

- Gemeinsames Lernen, gerade am Nachmittag, macht Spaß.

- Eine „Frontalbeschulung" eines einzelnen Kindes ist für dieses zu massiv. Es braucht auch Phasen des eigenen Lernens, der Verarbeitung.

- Unabhängig von der bisherigen pädagogisch-psychologischen Argumenten ist Nachhilfe in kleinen Gruppen natürlich preiswerter." (ebd., S.123)

Nachhilfeunterricht findet häufig in Kleingruppen statt (Rudolph, 2002). Damit die potenziellen Vorteile dieser Sozialform ausgeschöpft werden können, auch in Hin-blick auf individuelle Förderung, muss auf die Zusammensetzung der Lerngruppe geachtet werden. Eine bewusste Einteilung ist insbesondere für kleinere Nachhil-feinstitute herausfordernd, weil es Einteilungspotentials bedarf (ebd.). In Abhän-gigkeit des Nachhilfeinstituts erfolgt die Gruppeneinteilung nach verschiedenen Kriterien. Birkelbach et al. (2018) merken an, dass die „Kriterien für die Gruppen-zusammensetzungen eher in der Altersgruppe bzw. Schulklasse oder zeitlichen Präferenzen der Schüler*innen begründet sind als in der besuchten Schulform" (Birkelbach, S. 93). Eine solche Einteilung führt zu stark heterogenen Lerngruppen, in der gleichaltrige Schüler*innen aus unterschiedlichen Schulformen wie

Gymnasium und Realschule aufeinandertreffen (Rudolph, 2002). Neben den offensichtlich differenten Leistungsvoraussetzungen lernen die Schüler*innen innerhalb der Lerngruppe in unterschiedlichen Fächern (ebd.). Die Zeit der individuellen Förderung für den einzelnen Lernenden ist somit in der Gruppe begrenzt, weil sich die gemeinsame Nachhilfezeit durch die Anzahl der Nachhilfeschüler*innen teilt. Ein fachlicher Austausch sowie gegenseitige Unterstützungsmaßnahmen der Lernenden sind, in einer nach solchen Kriterien zusammengesetzten Gruppe, schwierig.

3.3.3 Kommerzielle Seite der Nachhilfeinstitute

Der Nachhilfemarkt hat sich in den letzten Jahrzehnten zu einem milliardenschweren Wirtschaftszweig entwickelt (Rudolph, 2002). Das personenbezogene Dienstleistungsangebot kommerzieller Nachhilfeinstitute wendet sich mit wirtschaftlichem Interesse gesellschaftlichen Bedürfnissen zu. Die Motive, die der Inanspruchnahme des außerschulischen Dienstleistungsangebotes zugrunde liegen, gestalten sich gemäß Kapitel 3.3.2 vielfältig. Neben schülerbezogenen Motiven differenziert die Forschung eltern- und arbeitsbezogene sowie schulsystembezogene Motive. Es wurde bereits in Kapitel 3.2.1 angedeutet, dass kommerzielle Nachhilfeinstitute zum Motivwandel beitragen. Im Folgenden sollen die darauf einflussnehmenden, wirtschaftlichen Mechanismen kommerzieller Nachhilfeinstitute genauer thematisiert werden.

Der „kommerzielle Nachhilfemarkt funktioniert schon seit Jahrzehnten als private Bildungsdienstleitung nach den klassischen Prinzipien der Nachfrage-Angebotssteuerung und der Marktpreisbildung …" (Birkelbach et al., 2017, S. 29). Der Staat enthält sich weitgehend aus den eigenen Dynamiken des Nachhilfemarkts. Die Gestaltung, Steuerung, Regulierung und Qualitätssicherung bleiben unbeeinflusst (ebd.). Neben kleineren Nachhilfeinstituten gibt es jene, die im Franchise-Geschäftsmodell, teilweise über nationale Grenzen hinweg, ihr Dienstleistungsangebot bereitstellen (ebd.). Das Geschäftsmodell bietet Neueinsteigern durch Franchise-Lizenzen vereinfachte Startbedingungen in die Nachhilfebranche und fördert das beobachtbare Marktwachstum in einem erheblichen Maß. Unter der Vielzahl kommerzieller Nachhilfeanbieter auf dem Nachhilfemarkt und dem resultierenden Wettbewerbsdruck leiden vor allem kleinere Institute. Wie andere wirtschaftliche Bereiche, ist auch jener der kommerziellen Nachhilfe auf ein stetiges Marktwachstum angewiesen (ebd.). Ab einem gewissen Zeitpunkt, wenn sich Angebot und Nachfrage im Gleichgewicht befinden, sind profitorientierte Gewerbe „darauf verwiesen, den Bedarf zu beeinflussen oder ihn auch dort erst zu wecken, wo er objektiv eigentlich nicht gegeben ist" (ebd., S. 101). Marketing- und Puplic-Relation-Maßnahmen kommen bewusst zum Einsatz, um neue Adressatengruppen zu erschließen und langfristig an die Bildungsdienstleistung zu binden. Ein wirtschaftlich orientiertes Ziel kommerzieller Nachhilfeinstitute wendet sich der Schaffung einer Kultur zu, „in der Nachhilfe individuelle Bildungsbiographien ganz selbstverständlich flankiert" (ebd.). Nachhilfe mit traditionellem Bedeutungs- und Funktionsgehalt – defizitorientiert und temporär begrenzt – widerspricht dem wirtschaftlichen Gesetz, das kommerziellen Nachhilfeinstituten zugrunde liegt. Dieses zielt „vorrangig auf die Gewährleistung von wirtschaftlicher Selbstständigkeit, Dauerhaftigkeit und Gewinnerzielung" (ebd., S. 151). Gemäß dem traditionellen Nachhilfeverständnis erübrigt sich das Dienstleistungsangebot nach erfolgreicher kompensatorischer Wirkung für Lernende im zeitlichen Verlauf. Das Interesse kommerzieller Nachhilfeinstitute, als personenbezogenes Dienstleistungsunternehmen, liegt jedoch in einer langfristigen Kundenbindung, die sie mit eingesetzten Marketingstrategien und verkaufsfördernden Maßnahmen versuchen herzustellen.

Die Dominanz des elterlichen Einflusses, im Entscheidungsprozess für Nachhilfe, konnte bereits verdeutlicht werden. Als Erziehungsberechtigte tragen Eltern Verantwortung für den Bildungsweg ihrer Kinder. Birkelbach et al. (2017) verdeutlichen, dass insbesondere Eltern, die in Zusammenhang mit dem Bildungs- und Berufsweg ihrer Kinder, Zukunftsängste und Verunsicherungen zeigen, einen fruchtbaren Boden schaffen, „auf dem kommerzielle Nachhilfeinstitute ihre auf Wachstum ausgerichteten Marketingstrategien und verkaufsfördernden Maßnahmen platzieren können" (ebd., S. 123). Kommerziellen Nachhilfeinstituten gelingt es „sich als verständnisvoller und hilfsbereiter Bildungspartner – überspitzt als Heilmittel für Zukunftsängste und Garant für Bildungserfolge – dauerhaft an der Seite der Eltern festzusetzen ..." (ebd., S. 123). Empathische Leitlinien, wie sie zum Beispiel in der Unternehmenskultur des ABACUS-Nachhilfeinstituts zu finden sind, leisten dazu ihren Beitrag:

> „Die Eltern dürfen mit ihren Sorgen um ihre Kinder nicht alleine gelassen werden"
> (ABACUS-Nachhilfeinstitut, o.J.a)

Eltern sehen im Angebot eine „entlastende und im Hinblick auf den Zensurenstand des Kindes fördernde Hilfestellung" (Rudolph, 2002, S. 75).

Häufig machen sich kommerzielle Nachhilfeinstitute verkaufsstrategische Boni-Systeme zu Nutze, die Eltern, Nachhilfeschüler*innen und Lehrenden Vorteile versprechen, wenn sie zu einer langfristigen Kundenbindung, sowie Kundengewinnung beitragen (Rudolph, 2002). Neuanmeldungen in kommerziellen Nachhilfeinstituten werden oft rückverfolgt. Basieren diese auf einer Weiterempfehlung seitens der Eltern, Nachhilfeschüler*innen oder -lehrkräfte, stehen unterschiedliche Formen von Prämien wie zum Beispiel Nachhilfegutscheine, Sachgeschenke oder Bonusauszahlungen für die Kundenakquirierung bereit (ebd.).

*Gilt nur im Falle einer Anmeldung für 4 Unterrichtsstunden (2 Doppelstunden) pro Woche bei einer Mindestvertragslaufzeit von 24 Monaten.
(Kursgebühr: 139 Euro je Monat, UVP). Abhängig vom jeweiligen Standort kann der Preis variieren und/oder zusätzlich eine einmalige Anmeldepauschale von bis zu 55 Euro (UVP) anfallen. Nähere Informationen erhalten Sie bei Ihrer örtlichen Schülerhilfe.

Abbildung 2: Beispiel für Nachhilfeangebot mit Verweis
Quelle: Schülerhilfe, o.J.a

Interesse weckende, attraktive Nachhilfeangebote, wie in Abbildung 2 als Beispiel dargestellt wird, erscheinen mit hoher Wahrscheinlichkeit in Verbindung mit Verweisen, die im Kleingedruckten informieren, dass diese nur unter bestimmten Bedingungen in Kraft treten. Häufig ist die Bedingung für Eltern, dass sie sich für Vertragsmodelle mit langen Vertragslaufzeiten und teilweise mehrmals in der Woche stattfindenden Nachhilfestunden entscheiden müssen. Darüber hinaus ist die Gültigkeit dieser Nachhilfeangebote meistens befristet. Eltern geraten in ihrem Entscheidungsprozess unter Druck und verankern das langfristige und zeitintensive Nachhilfeschnäppchen in die Freizeit ihrer Kinder. Außer Betracht bleibt, dass das langfristige Vertragsmodell den individuellen Bedürfnissen des Nachhilfeschülers, unter Berücksichtigung finanzieller Auswahlkriterien, nicht angepasst ist. Lernende, deren individuelle Schwächen kurzzeitig kompensiert werden könnten, nehmen das Nachhilfeangebot länger als notwendig und sinnvoll erachtet in Anspruch. Kundenbindende Nachhilfeangebote, die Eltern Preisvorteile versprechen und für längere Zeiträume vorgesehen sind, widersprechen dem genuinen Sinn von

Nachhilfe (Birkelbach et al., 2017). Rechter (2011, S. 123) verweist auf empirisch abgesicherte Befunde der Nachhilfeforschung und betont, dass die Effektivität kürzerer Fördermaßnahmen mit einer großen Anzahl an Fördereinheiten pro Woche am höchsten ist. „Der Zusammenhang zwischen Förderdauer und Fördererfolg kann als eine asymptotische Kurve beschrieben werden, d.h. ab einer gewissen Förderdauer steht der Ertrag in keinem Verhältnis mehr zum Aufwand" (ebd., S. 123).

Die wirtschaftlichen Gedanken der Nachhilfeinstitute, die in Nachhilfeangebote einfließen, bleiben meistens verdeckt. Die auf der „Schauseite" repräsentierten Angebote, erscheinen für Nachfragende in begründeter Form (Kühl, 2011). Das Nachhilfeangebot des Nachhilfeinstituts „ABACUS" beschränkt sich auf Einzelnachhilfestunden beim Lernenden Zuhause. Laut dem Nachhilfeinstitut liegen die Vorteile dieses Angebots in der gewohnten Umgebung, in der die Nachhilfestunden für Lernende stattfinden, in der Zeitersparnis und dem regelmäßigen Kontakt zur Nachhilfelehrkraft (ABACUS-Nachhilfeinstitut, o.J.b). Aus ökonomischer Sicht spart das kommerzielle Nachhilfeinstitut Kosten ein, weil die Bereitstellung von Räumlichkeiten für Nachhilfelehrkräfte entfällt. Durch die entfallenden räumlichen Beschränkungen können mehr Nachhilfelehrkräfte parallel eingesetzt werden. Die angestellten Nachhilfelehrkräfte arbeiten in einem von ihnen eingeschränkten Radius, sodass Anfahrtskosten ebenfalls geringgehalten werden können (ebd.).

Ein weiterer kosteneinsparender Gedanke kommerzieller Nachhilfeinstitute spiegelt sich im Angebot des Kleingruppenunterrichts wider, in dem eine einzelne Lehrkraft mehrere Schüler*innen gleichzeitig unterrichten kann. Trotz des geringeren Nachhilfebeitrages einzelner Schüler übertrifft deren Summe jene der einzelnen Nachhilfeunterrichtstunden. Diese Sozialform bietet auch für Eltern eine günstigere Alternative zum Einzelunterricht. Neben den geringeren Kosten bietet die Sozialform, unter Berücksichtigung der Gruppenzusammensetzung, einige Vorteile gegenüber dem Einzelunterricht (Streber, 2018). Birkelbach et al. (2017) verweisen allerdings darauf, dass diese aufgrund des erforderlichen Einteilungspotentials nicht immer pädagogisch begründet erfolgen kann. Insbesondere kleinere Nachhilfeinstitute haben aufgrund diverser Einteilungsbeschränkungen oftmals nicht die Möglichkeit, den pädagogischen Anforderungen der Gruppenzusammensetzung gerecht zu werden (Rudolph, 2002). In diesem Fall bieten sich Einzelnachhilfestunden für individuelle Fördermaßnahmen besser an, die Eltern finanziell allerdings höher belasten.

4 Fazit

Die Untersuchung der institutionellen Aspekte der öffentlichen Schule zeigt, dass sie neben der individuellen Ausbildung einzelner Schüler*innen wichtige Funktionen gegenüber der Gesellschaft trägt, um zu deren Erhalt und Weiterentwicklung beizutragen. Insbesondere die Allokationsfunktion ist als leistungsabhängiges System der Positionsverteilung in einer arbeitsteiligen Gesellschaft unerlässlich. Des Weiteren trägt der Staat die Verantwortung und Kontrolle des gesamten Schulwesens und ist dazu verpflichtet, allen Heranwachsenden ein gleichwertiges Bildungsangebot zu bieten und damit eine allgemeingültige Chancengleichheit zu gewährleisten.

Ein Blick auf die schulischen Organisationsstrukturen zeigt, dass ihre Bewertungspraktik und homogenisierenden Maßnahmen auf die oben benannten Anforderungen ausgelegt sind. Diese Ausrichtung steht in einem gewissen Konflikt mit der individuellen Förderung, die ebenfalls zu den Kernaufgaben der Schule gehört und ein wichtiges Recht der Schüler*innen darstellt. Zu diesem Konflikt tragen kommerzielle Nachhilfeinstitute Lösungen bei, deren organisationaler Rahmen besser auf die individuelle Förderung ausgelegt ist, insbesondere aufgrund der Wahl ihrer Sozialformen. Schüler*innen, denen das individuelle Förderangebot im schulischen Rahmen nicht ausreicht, können durch das außerschulische Bildungsangebot unterstützt werden.

Solange Nachhilfeunterricht in seinem ursprünglichen Bedeutungs- und Funktionsgehalt in Anspruch genommen wird, um individuelle Schwächen zu kompensieren und die Anschlussfähigkeit der Schüler*innen an den Unterricht über einen temporär begrenzten Zeitraum wiederherzustellen, kann er als hilfreiche Begleitung der öffentlichen Schule angesehen werden, der keinen störenden Einfluss auf die Allokationsfunktion nimmt. Unter den Umständen und Ausklammerung der finanziellen Belastung für Eltern, könnten die beiden Einrichtungen ergänzend koexistieren.

Die Vergabe von Noten erfolgt im schulischen Kontext in der Regel auf Grundlage des anforderungsbezogenen Bewertungsmaßstabes (siehe Kapitel 3.2.2), um der Erfüllung der Allokationsfunktion gerecht zu werden. Die schulischen Anforderungen sind stark inhaltsbezogen und durch den Bildungsplan definiert. Entsprechend sind außerschulische Übungs- und Wiederholungsphasen für den schulischen Erfolg essentiell, die kommerzielle Nachhilfeinstitute in ihrem Dienstleistungsangebot aufgreifen. Mithilfe dieser Unterstützungsform zeigen sich kurzfristig eingestellte Schulerfolge durch die Verbesserung von Schulnoten, wodurch das Nachhilfeinstitut in ein Spannungsfeld mit der öffentlichen Schule gerät, da sie deren Allokationsfunktion stört.

Die Motive, die der Inanspruchnahme von Nachhilfeunterricht zugrunde liegen, haben sich gegenwärtig gewandelt. Nachhilfeunterricht verlagert sich nicht nur temporär begrenzt in die Freizeit der Schüler*innen, um überwindbare individuelle Schwächen zu kompensieren, sondern entwickelt sich zu einem langfristigen außerschulischen Bildungsangebot, das allgemein der Leistungsverbesserung dient. Dies wird einerseits durch Eltern verursacht, die sich von langfristig angelegten Nachhilfeangeboten verbesserte Bildungs- und Berufschancen für ihre Kinder erhoffen und grundsätzlich hohe Bildungsaspirationen besitzen. Anderseits kann es als intendiertes Ziel kommerzieller Nachhilfeinstitute angesehen werden, Nachhilfeschüler*innen durch Vertragsmodelle langfristig an sich zu binden, um ihre eigene Existenz abzusichern. Dies steht im Widerspruch mit dem ursprünglichen Zweck der Nachhilfe, der darauf zielt, sich für die Nachhilfeschüler*innen innerhalb kurzer Zeit überflüssig zu machen. Außerdem erzeugen die langfristigen Kosten, die durch den kommerziellen, gewinnorientierten Ansatz entstehen, ein weiteres Spannungsfeld mit der öffentlichen Schule, da sie die Chancengleichheit, die für alle Schüler*innen gewährleistet werden muss, gefährdet.

In der Organisationanalyse der kommerziellen Nachhilfeinstitute wurde die Qualifikation der Nachhilfelehrkräfte thematisiert (siehe Kapitel 3.3.4), welche des Öfteren in Kritik gerät, weil keine staatlich anerkannte Ausbildung für die Tätigkeit als Nachhilfelehrkraft vorgesehen und vorausgesetzt wird. Die in der Arbeit berücksichtigte Studie von Streber (2011) zeigt auf, dass Nachhilfelehrkräfte mit unterschiedlicher Qualifikation gleichermaßen Nachhilfeerfolge, gemessen an Ziffernnoten, verschaffen können und ihre Kompetenzen von Nachhilfeschüler*innen subjektiv gleichwertig aufgefasst werden. Auch wenn dieser Teil der vorgestellten Studie, aufgrund der subjektiven Datenlage kritisch zu hinterfragen ist, verweist Streber (2011) darauf, dass insbesondere die Rahmenbedingungen des Nachhilfeunterrichts von Nachhilfeschüler*innen sehr positiv empfunden werden. Dies ist ein Indiz dafür, dass auch die öffentliche Schule vermehrt in die Lage versetzt werden muss, Kleingruppenunterricht- und Einzelunterricht anbieten zu können, um Schüler*innen ein verbessertes Gefühl des individuellen Coachings zu vermitteln.

Abschließend kann man sagen, dass beide Einrichtungen eine Existenzberechtigung haben und sich in ihrer grundsätzlichen Organisationsstruktur ergänzen. Ihre Koexistenz verursacht jedoch einige Konflikte, die durch das Wachstumsbestreben kommerzieller Nachhilfeinstitute und die fehlende staatliche Kontrolle angestoßen werden. Insbesondere der Motivwandel von Nachhilfe ist negativ zu bewerten. Die daraus resultierende langfristig angelegte Begleitung von Bildungsbiographien stört die gesellschaftliche Funktion der Schule und schafft durch die finanzielle Belastung für Eltern Chancenungleichheit, die die Schule versucht herzustellen.

5 Perspektiven

Allgemein stellt sich die Frage, ob der Staat es zulassen sollte, dass wichtige Kernaufgaben der Schule, wie die individuelle Förderung von Schüler*innen, aus dem Bildungssystem ausgelagert und von Einrichtungen des Wirtschaftssystems übernommen werden.

Obwohl bereits einige Ansätze existieren, welche die individuelle Förderung im schulischen Rahmen stärker aufgreifen, bleibt deren Umsetzung verbesserungsfähig. Insbesondere das Potential der Ganztagsschule ist noch nicht ausgeschöpft. Es sollte ein stärker anvisiertes Ziel sein, die schulischen Organisationsstrukturen so zu reformieren und umzuformen, dass die Schule eine angemessene individuelle Förderung, aus eigener Kraft gewährleisten kann. Kommerzielle Nachhilfeinstitute fungieren mit ihrem offerierten Nachhilfeangebot als hilfreiche „Stützen", solange die Schule nicht so ausgestattet ist, um ihre Aufgaben anforderungsgerecht zu bewältigen zu können. Im Sinne der Chancengleichheit müsste der Staat jedoch einkommensschwächeren Familien in einem stärkeren Ausmaß bei der Finanzierung solcher außerschulischen Förderangebote helfen.

Um dem negativen Motivwandel entgegenzuwirken, müsste das außerschulische Nachhilfewesen in das Schulsystem eingebunden werden und staatlich beaufsichtigt und finanziert werden. Es wäre eine Überlegung, die Regulierung der Nachhilfebeanspruchung zum Aufgabenbereich der Lehrkraft hinzuzufügen, sodass Schüler*innen nur auf deren Empfehlung Zugang zu Nachhilfeangeboten erhalten, die ausschließlich der Kompensation individueller Schwächen dienen. So bliebe jenen Schüler*innen das Nachhilfeangebot verwehrt, die sich weitere Vorteile im Wettbewerb mit anderen verschaffen möchten. Natürlich könnten Nachhilfestunden, die auf eine allgemeine Leistungsverbesserung abzielen, nicht vollständig unterbunden werden.

Würde das Nachhilfewesen ein fester Bestandteil des Bildungssystems werden, gäbe es im Voraus einige Entscheidungen zu treffen, wie die Festlegung einer staatlich vorgesehenen Ausbildung. Es müsste definiert sein, welche Kompetenzen im Rahmen dieser vorgesehenen Ausbildung zu erwerben sind, um die Mitgliedschaft als Nachhilfelehrekraft in der staatlich organisierten Schule aufnehmen zu können. Hilfreiche Bezugspunkte bietet der Studiengang Lernförderung, der bereits an der pädagogischen Hochschule Weingarten eingeführt war. Die angestrebten Kompetenzen bezogen sich schwerpunktpunkt auf jene, die für eine individuelle Diagnose und Förderung grundlegend sind.

Eine Annäherung der beiden Einrichtungen oder gar eine konkrete Integration der Institution Nachhilfe in das staatliche Schulsystem, könnte Teil einer weiterführenden Forschungsarbeit sein.

Quellenverzeichnis

ABACUS-Nachhilfeinstitut (o.J.a). *Die Unternehmenskultur von ABACUS. ABACUS-Leitlinien.* Verfügbar unter https://www.abacus-nachhilfe.ch/ueber-uns/unternehmenskultur.html. Zuletzt abgerufen am 13.05.2020.

ABACUS-Nachhilfeinstitut (o.J.b). *Erfolgreiche Nachhilfe. Die ABACUS-Vorteile auf einen Blick.* Verfügbar unter https://www.abacus-nachhilfe.de/. Zuletzt abgerufen am 13.05.2020.

Bartnitzky, H. (2006). Es geht nicht! Und doch: Es muss gehen! Zum Umgang mit Zensuren.   In *Grundschule aktuell: Zeitschrift des Grundschulverbandes* (95), 3-8.

Becker, R. (2009). *Lehrbuch der Bildungssoziologie.* (1. Auflage). Wiesbaden: VS Verlag für Sozialwissenschaften/ GWV Fachverlage Gmbh Wiesbaden.

Behr, M. (1990). *Nachhilfeunterricht. Erhebungen in einer Grauzone pädagogischer Alltagsrealität.* Darmstadt: Wissenschaftliche Buchgesellschaft.

Bidlo, O. (2020). *Bildung im Schatten? Eine hermeneutisch-wissenssoziologische Untersuchung zu Nachhilfeinstituten und digitalen Lernplattformen.* Essen: Oldib-Verlag.

Birkelbach, K.; Dobschiat, R. & Dobschiat, B. (2017): *Ausserschulische Nachhilfe. Ein prosperierender Bildungsmarkt im Spannungsfeld zwischen kommerziellen und öffentlichen Interessen* (study/edition der Hans-Böckler-Stiftung, Nr. 348). Düsseldorf: Hans-Böckler-Stiftung.

Bundesministerium für Arbeit und Soziales (BMAS) (o.J.). *Bildungspaket. Bildungs- und Teilhabeleistungen für bedürftige Kinder, Jugendliche und junge Erwachsene.* Verfügbar unter https://www.bmas.de/DE/Themen/Arbeitsmarkt/Grundsicherung/Leistungen-zur-Sicherung-des-Lebensunterhalts/Bildungspaket/bildungspaket.html. Zuletzt abgerufen am 18.03.2020.

Bundesministerium für Bildung und Forschung (BMBF) (o.J.). *Gute Bildung – den ganzen Tag.* Verfügbar unter https://www.bmbf.de/de/gute-bildung--den-ganzen-tag-83.html. Zuletzt abgerufen am 22.03.2020.

Bundesministerium für Bildung und Forschung (BMBF) (2004). *Konzeptionelle Grundlagen für einen Nationalen Bildungsbericht – Non formale und informelle Bildung im Kindes- und Jugendalter.* Berlin.

Dohmen, D.; Erbes, A.; Fuchs, K. & Günzel, J. (2008). *Was wissen wir über Nachhilfe? – Sachstand und Auswertungen der Forschungsliteratur zu Angebot, Nachfrage und Wirkungen.* Berlin: Forschungsinstitut für Bildungs- und Sozialökonomie (FIBS).

Jürgens, E. & Diekmann, M. (2007). *Wirksamkeit und Nachhaltigkeit von Nachhilfeunterricht. Dargestellt am Beispiel des Studienkreises. Beiträge zur empirischen Erziehungswissenschaft und Fachdidaktik (Band* 12). Frankfurt am Main: Peter Lang GmbH.

Fend, H. (1980). *Theorie der Schule.* München, Wien und Baltimore: Urban und Schwarzenberg.

Fend, H. (2008a). *Neue Theorie der Schule. Einführung in das Verstehen von Bildungssystemen* (2. durchgesehene Auflage). Wiesbaden: VS Verlag für Sozialwissenschaften/ GWV Fachverlage GmbH.

Fend, H. (2008b). *Schule gestalten. Systemsteuerung, Schulentwicklung und Unterrichtsqualität* (1. Auflage). Wiesbaden: VS Verlag für Sozialwissenschaften/ GWV Fachverlage GmbH.

Fischer N.; Radisch, F. & Stecher, L. (2009). Halb- und Ganztagsbetrieb. In Blömeke, S.; Bohl T.; Haag, L.; Lang-Wojtasik & G.; Sacher, W. (Hrsg.). *Handbuch Schule.* (S. 343-350). Bad Heilbrunn: Verlag Julius Klinkhardt.

Gießing, J. (1997). *Zur Problematik des Nachhilfeunterrichts unter besonderer Berücksichtigung des Schulfaches Englisch an hessischen Gymnasien.* Marburg: Tectum Verlag.

Gukenbiehl, L.H. (2016). Institution und Organisation. In Korte, H. & Schäfers, B. (Hrsg.), *Einführung in die Hauptbegriffe der Soziologie* (9. überarbeitete und aktualisierte Auflage) (S. 173-193). Wiesbaden: Springer Fachmedien.

Helmke, A. (2003). Unterrichtsqualität – erfassen, bewerten, verbessern. Seelze: Kallmeyer.

Hußmann, A.; Wend, H.; Bos, W.; Bremerich-Vos, A.; Kasper, D.; Lankes, E.M.; McElvany, N.; Stubbe, T.C.; Valtin, R. (Hrsg.) (2017). *IGLU 2016. Lesekompetenzen von Grundschulkindern in Deutschland im internationalen Vergleich.* Münster: Waxmann Verlag.

Jäger, R.S.; Jäger-Flor, D.; Haas, C. (2011). Eltern und Lehrkräfte: ihre Sicht der Nachhilfe. In *Empirische Pädagogik. Zeitschrift zu Theorie und Praxis erziehungswissenschaftlicher Forschung*, 25 (3), 280-306.

Kiper, H. (2009). Betreuung, Kompensation, Förderung, Integration, Beratung als weitere schulische Aufgaben. In Blömeke, S.; Bohl T.; Haag, L.; Lang-Wojtasik, G. & Sacher, W. (Hrsg.), *Handbuch Schule* (S. 80-87). Bad Heilbrunn: Verlag Julius Klinkhardt.

Klemm, K. & Hollbach-Biele, N. (2016). *Nachhilfeunterricht in Deutschland: Ausmaß – Wirkung – Kosten.* Gütersloh: Bertelsmann Stiftung.

Koch, G. (2019). *Erziehungswissenschaften für Lehramtsstudierende. Grundlagen der Pädagogik, Schulpädagogik und Psychologie.* Paderborn: Verlag Ferdinand Schöningh.

Kühl, Stefan (2011). *Organisationen. Eine sehr kurze Einführung* (1. Auflage). Wiesbaden: VS Verlag für Sozialwissenschaften/ Springer Fachmedien Wiesbaden GmbH.

Langenohl, A. (2008). Die Schule als Organisation. In Willems, H. (Hrsg.), *Lehr(er)buch Soziologie. Für die pädagogischen und soziologischen Studiengänge* (Band 2) (S. 817-831). Wiesbaden: VS Verlag für Sozialwissenschaften/ GWV Fachverlage GmbH.

Rechter, Y. (2011). *Bedeutung individueller Lernförderung als Unterstützung schulischen Lernens.* Bad Heilbrunn: Julius Klinkhardt.

Rudolph, M. (2002). *Nachhilfe – gekaufte Bildung? Empirische Untersuchungen zur Kritik der ausserschulischen Lernbegleitung; eine Erhebung bei Eltern, LehrerInnen und Nachhilfeinstituten.* Bad Heilbrunn: Julius Klinkhardt.

Sandfuchs, U. (2001). Fördern und Förderunterricht. In Einsiedler, W.; Götz, M.; Hacker H.; Kahlert, J.; Keck, R. & Sandfuchs, U. (Hrsg.), *Handbuch Grundschulpädagogik und Grundschuldidaktik* (S. 292-298). Bad Heilbrunn: Klinkhardt.

Schülerhilfe (o.J.*a*): *Beispiel für Nachhilfeangebot mit Verweis.* Verfügbar unter https://www.schuelerhilfe.de/. Zuletzt abgerufen am 17.04.2020.

Schülerhilfe (o.J.*b*). *Qualifizierte Nachhilfe.* Verfügbar unter https://www.schuelerhilfe.de/vorteile/qualifizierte-nachhilfelehrer/. Zuletzt abgerufen am 13.05.2020.

Sekretariat der Ständigen Konferenz der Kultusminister der Länder (KMK) (2004). *Standards für die Lehrerbildung: Bildungswissenschaften.* Verfügbar unter: https://www.kmk.org/fileadmin/Dateien/veroeffentlichungen_beschlusse/2004/2004_12_16-Standards-Lehrerbildung-Bildungswissenschaften.pdf. Zuletzt abgerufen am 02.05.2020.

Staatliches Schulamt Nürtingen (o.J.). *Kriterien guten Unterrichts (aus Sicht des Staatlichen Schulamts Nürtingen).* Verfügbar unter: http://schulamt-nuertingen.de/,Lde_DE/Startseite/Ueber+uns/Kriterien+guten+Unterrichts. Zuletzt abgerufen am 02.05.2020.

Streber, D. (2011). *Qualifizierungsgrad von Nachhilfelehrern. Eine empirische Studie über die Wirksamkeit von Nachhilfelehrern.* Göttingen: Cuvilier Verlag.

Streber, D. (2018). *Nachhilfe als eine besondere Form individueller Förderung. Theorie-Forschung-didaktische Konsequenzen.* Bad Heilbrunn: Julius Klinkhardt.

Streber, D.; Haag, L.; Götz, T. (2011). Erfolgreiche Nachhilfe – Kann das jeder oder bedarf es besonderer Qualifikationen? In: *Empirische Pädagogik. Zeitschrift zu Theorie und Praxis erziehungswissenschaftlicher Forschung.* 25, (3), 342-357.

Thomas, J.; van Kessel, M., Lohrmann, K. & Haag, L. (2006). Wirkfaktoren im Wissen und Handeln der Nachhilfelehrer – Einzelfallbetrachtungen. In *Psychologie in Erziehung und Unterricht. Zeitschrift für Forschung und Praxis.* 53, (1), 35-43.

Weegen, M. (1986). Das Geschäft mit der organisierten Nachhilfe. Bildungsrechtliche und schulorganisatorische Fragen zu einem unerkannten Problem. In Rolff, H.-G.; Klemm & K.; Tillmann, K.-J. (Hrsg.), *Jahrbuch der Schulentwicklung. Daten, Beispiele und Perspektiven* (Band 4) (S.236-250). Weinheim: Beltz Verlag.

Weinert, F.E. (Hrsg.) (2001). *Leistungsmessungen in Schulen.* Weinheim: Beltz.

Wiater, W. (2009). Zur Definition und Abgrenzung von Aufgaben und Funktionen der Schule. In Blömeke, S.; Bohl, T.; Haag, L.; Lang-Wojtasik, G. & Sacher, W. (Hrsg.), *Handbuch Schule* (S. 65-72). Bad Heilbrunn: Verlag Julius Klinkhardt.

Zeinz, H. (2009). Funktionen der Schule. In Blömeke, S.; Bohl T.; Haag, L.; Lang-Wojtasik, G. & Sacher, W. (Hrsg.), *Handbuch Schule* (S. 87-94). Bad Heilbrunn: Verlag Julius Klinkhardt.